スマートに働くための

ビジネス
マナー
基本集

株式会社フィールドデザイン
中山佳子 著

大泉書店

はじめに

　仕事は、経験も価値観も生まれ育った環境も違う人同士が、お互いに協力し合いながら進めるものです。そのために、相手を尊重し、相手の状況や気持ちに配慮しながらコミュニケーションを図っていく必要があります。**その相手尊重や相手配慮の表現がビジネスマナーです**。そのため、ビジネスマナーを伴った行動というのは一つのパターンだけではありません。「あなたのことを大事な人だと思っています」、「尊重すべき相手だとわかっています」ということを実際には言わなくても、その気持ちが相手に伝わればよいのです。

　ただし、ある程度の「型」を知らずに自我流のマナーで対応すると、場合によっては、相手は礼儀や常識を知らない失礼な人物だと不快に思うかもしれません。**この本でお伝えするのは、マナーの王道、つまり基本中の基本の「型」です**。この基本をしっかり理解して習得した上で、あとは状況や自分なりのやり方に応用していくのが理想的です。

仕事においては、短時間で相手が信頼できるかどうか、一緒に仕事をするパートナーとなりえるかを判断しなければいけないことも多くあります。そのような大事な場面でも自信をもった言動ができるように、この本で基本知識をしっかり学び、周囲の人とよい人間関係を築きつつ、皆さんの実力が十分に発揮できることを願っています。

株式会社フィールドデザイン　中山佳子

CONTENTS

第 **1** 章

社会人の
心がまえ

働くということは、ただ実務をこなす
ことだけではありません。

周囲と良好なコミュニケーションを図
り、社会人として信頼されるために、基
本的な心がまえや仕事の進め方を理解
しておきましょう。

社会人にとって大切なこと

✅「仕事だけできればいい」は間違い

　社会人は、正確さ、スピード感をもって仕事を進めるために必要な実務スキルだけでなく、**多くの人とよい関係を築いていくためのコミュニケーション力が必要です**。たとえば、仕事はできても感じが悪いと思われたり、人はいいが仕事ができないと思われてしまうと、仕事をうまく進めることができません。この２つのスキルを高めて、周囲からの信頼を得られるようにしましょう。

社会人にとって重要となる２つの能力

実務・専門能力

職場で必要な専門能力

例）経理なら簿記や
　　財務などの専門スキル
　　人事なら労務管理や採用に
　　関する知識　など

コミュニケーション力

**周囲の人との関係を
上手に築いていく力**

例）**ビジネスマナー**、
　　お客様に好印象を与えるスキル、
　　職場の人間関係を円滑にしていく力、
　　話す力、聴く力　など

☞ POINT

信頼関係を築くには

- 専門スキルとコミュニケーション力を共に高める
- その職場で必要な知識や能力をできるだけ早く身につける
- 好印象を与えるビジネスマナーを身につける

仕事への心がまえ

▶ 主体的に動く

常に、「自分は今は何をすべきか」「なぜこれをするのか」という**目的意識をもって主体的に動きましょう**。その行動は、周囲から見ると積極的でやる気のある仕事ぶりと映ります。

> 「お願いされていた資料の作成が終わりました。ほかに何かお手伝いすることはありますか?」など、自分から先輩や上司に声をかけます

▶ チーム意識

一人ひとりが力を発揮し、チームで協力し合うことで、大きな成果や達成感を得られます。そのためにも、**チームの中で、自分の役割、求められていることを考えてから行動する**ことが大切です。

▶ 目的意識をもつ

自分の仕事がこのあとどのようになるのか、何のためにするのかということを理解した上で仕事を進めましょう。**自分の仕事の先を想像しながら進める**ことにより、周囲に気づかいができたり、工夫が考えられたりします。

> 来週の会議用の資料作りが終わったから、次のプロジェクトの打ち合わせをいつにするか今のうちに聞いておこう…

▶ 改善意識

この仕事を**よりよくするためにどうすればいいかを、常に考えましょう**。ちょっとした改善が重なることで、仕事が進めやすくなり、働きやすい環境づくりができるようになります。

▶ コスト意識

たとえば人件費もコストです。無駄な仕事をしない、**「ホウ・レン・ソウ」(→P21)をスムーズにすることで、仕事にかける時間が削減できます**。それ以外にも、コストダウンにつながる工夫をしましょう。

> - 取引先との打合わせ内容をすぐに報告
> - 上司や先輩への相談時間はなるべく短く
> - ペーパーレスに努める
> - 冷房の温度を下げすぎない　　　など

☑️ 相手に与える印象の性質を知ろう

　仕事を円滑に気持ちよく進めるためには、周囲とよい関係を築いていく力が必要になってきます。そのために、まずは「あなたを大事な人だと思っています」という**気持ちが伝わるような態度や行動、言葉の届け方**のポイントを押さえましょう。話す内容だけでなく、見た目や声の出し方などでも大きく相手の受け止め方が変わります。**場面と相手に応じたコミュニケーションを図りましょう。**

人に与える印象の割合

言葉
7%

情報を正しく伝えたり、相手を敬う言葉づかいができているかどうかがポイントです。

発声
38%

声のトーン、大きさ、話すスピード、滑舌、イントネーションなど、状況に合った声の出し方を意識します。

見た目
55%

人は見た目で印象が大きく変わります。表情、身だしなみ、姿勢、動作など、目から入ってくる情報すべてでどんな人なのかが判断されます。

印象を決めるのは
ここ！

- 見た目はその人の印象の大半を決定づける
- 言葉そのものより見た目や発声の影響力が高い

大切にしたい5つの要素

 ① 表情

挨拶や会話では、言葉に対して好感のもてる表情が伴うようにしましょう。仕事中で対人でないときも、**柔らかい表情だと声をかけやすく親しみやすい人物という印象になります。**

➡P12へ

 ② 身だしなみ

TPO（時間、場所、場合）に合わせた身だしなみを意識しましょう。身だしなみが整っているかどうかで、仕事への姿勢や人柄、さらには会社や組織のイメージまでも左右されます。

➡P38へ

 ③ 挨拶と返事

感じのよい挨拶や返事をすることで、**相手を大事に思っている気持ちや敬意が伝わります。**自分から積極的に挨拶をし、よい人間関係づくりの第一歩としましょう。

➡P48へ

 ④ 姿勢・動作

整った姿勢やキビキビした**美しい動作からは、誠実さや仕事へのやる気が伝わるものです。**仕事中は常に見られている意識をもちましょう。

➡P50へ

⑤ 言葉づかい

社会生活の中では、自分の立場を理解した言動が求められます。立場を明確にする敬語表現など、**状況に合わせて適切な言葉を選ぶことで信頼感もアップします。**

➡P54へ

☞ **POINT**

コミュニケーションを図るときの心がけ

- 見た目や声の出し方は、人柄や信頼できるかの判断に大きく関わる
- 場面に応じた表情や身だしなみが求められる
- 挨拶は明るく爽やかに、自分から積極的に
- 整った姿勢やキビキビした動作は好印象を与える

柔らかい印象を与える表情の作り方

信頼感を得るために効果的なのが、仕事中もなるべく自然な笑顔を心がけることです。**笑顔は「あなたに心を開いている」というメッセージになる**ため、相手に安心感を与えます。

弱

微笑み

仕事をしている間もなるべく口角を上げ、優しい目元になるように意識しましょう。

- デスクワーク中
- 会議や打ち合わせ中
- 訪問先に着いてから

中

普通の笑顔

挨拶をしたり、返事をするときは明るい笑顔を心がけましょう。

- 出勤時と退社時
- 返事をするとき
- 来客応対時
- 名刺交換時

高

思いきりの笑顔

嬉しい気持ちをここぞというときに伝える場面では、思いきり笑顔を見せましょう。

- 仕事で成果が得られたとき
- 上司や先輩から褒められたとき

口角アップのトレーニング方法

割り箸などの棒状の物をくわえ、口角を上げたまま20〜30秒キープ。これを3回繰り返します。2週間ほどで、口角を上げることが期待できます。笑顔が苦手な人は試してみましょう。

発声で変わるコミュニケーション

声のトーン、大きさ、話すスピードでその人の印象は大きく変わります。上手にコントロールして、場に応じた発声をしましょう。過剰になると、マイナスの印象にもなります。

		適切	過剰
声のトーン	高い	明るい	うるさい
	低い	落ち着いている	暗い・怖い
声の大きさ	大きい	自信がある	うるさい
	小さい	控えめ	自信がない
話すスピード	速い	スピード感がある	せっかち
	遅い	穏やか	マイペースすぎる

会社では、常に誰かに見られていることを意識して、

見た目と発声に気をつけましょう。

無意識にしてしまいがちなNG例をいくつか紹介します。

気をつけたい見た目のNG例

- ペン回し、爪を噛むなどのくせ
- 無表情で相手を見る
- 猫背
- 腕組み
- 手を後ろにまわす
- 肘をつく
- 貧乏ゆすり
- 浅く座り背もたれを使う
- あくびをする
- 頻繁に髪を触る

気をつけたい発声のNG例

じゃあ帰り
まっすう〜

- 語尾を伸ばす、または上げる
- 声が小さすぎる、
  または大きすぎる
- 話すスピードが速すぎる、
  または遅すぎる
- 話し方に抑揚がない、
  または抑揚をつけすぎる

1-3 コンプライアンスを守る

☑ 一人ひとりに求められるコンプライアンス

　コンプライアンスとは、**社内規定や企業倫理、社会におけるさまざまな規範を守ること**です。つまり、法令を守るだけでなく、社会通念としてのモラルを守ることも含む幅広い概念を指します。自分の行動が、誰かをだましたり裏切ったり傷つけることにならないかという社会的倫理観をもとに、**責任のある言動を常に心がけましょう。**「不正なことだとは知らずにやってしまった」ということのないよう、自分が働く会社のコンプライアンス体制についてしっかり把握しておくことが大切です。

コンプライアンスって何?

① 法令を守ること

国によって定められた法律や、自治体によって定められた条例に違反しないこと。著作権侵害や個人情報流出、飲酒運転なども含みます。

② 社会的倫理を守ること

法令にも社内ルールにもないことでも、倫理観や道徳観から「すべきこと、やってはいけないこと」を正しく判断することが大事です。

③ 会社のルールを守ること

社則や業務マニュアルなどで決められた会社のルールを守りましょう。「なぜそのような規則、ルールがあるのか」を理解することで、危機管理意識も高まります。たとえば、セキュリティカードの貸し借り、USBデータでの顧客リストの持ち出し、自分のメールにデータを送って外で作業するなどの何が問題かを推察できる力も必要です。

コンプライアンス実践のためにできること

　まずは**会社で決められたルールを一人ひとりが守ること**です。組織の危機管理意識が低い場合にはルール違反が起こりやすくなるので、面倒でも忙しくても自分は違反行為をしないという覚悟をもちましょう。加えて、社内ルールとして明文化されていなくても自分の行動の先に誰かに不利益を与えることがないか、**やってはいけないことのラインを超えないという判断ができる倫理観をもちましょう。**たった一人の不正が、積み重ねてきた会社の信用を一瞬で崩してしまう原因になるのです。

 こんなことに注意！

- 許可なく**会社のパソコンを持ち出さない**
- USBメモリは紛失したり
  ウイルス感染したりする可能性があるので、
  取り扱いに気をつける
- セキュリティカードの扱いや
  鍵の管理は**会社のルールどおりに行う**
- マニュアルの**手順を勝手に省略しない**
- 顧客情報などを**許可なく持ち出さない**
- 会社の情報は**SNSには掲載しない**
- **会話からの情報漏えい**に注意する

誰に聞かれているかわからない
共有スペースの例
- 給湯室
- 階段やエレベーター
- 不特定多数の人が出入りするロビー
- オープンな居酒屋・喫茶店・レストラン
- 電車やバス

SNSの注意点

✅ 会社の情報を安易に投稿しない

　近年、SNSの普及により簡易的にさまざまな情報発信ができるようになりました。手軽で便利になった半面、思いがけず読んだ人を傷つけたり迷惑をかけたり、「炎上」が起こるようなこともあります。匿名であってもその後、身元を特定されて個人的な信頼のみならず会社の信頼も落としかねません。**会社で得た情報を許可なくSNSに掲載するのは厳禁です。** プライベートの私的な内容だとしても、**誤解を招いたり誰かを不快にするような投稿は避けるべき**でしょう。

SNSでの不適切な投稿例

"新プロジェクトの一員として参加しているAさん。来年の4月に予定しているイベントに著名人のBさんをゲストに呼ぶことになり、本人を交えた打ち合わせにAさんも参加した。イベント情報の解禁を控えたなか、AさんはSNSで悪口を含んだ投稿をしてしまう。"

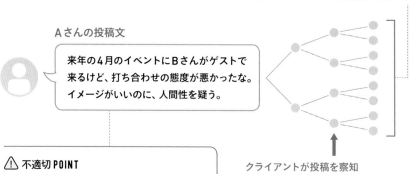

不特定多数に拡散
著名人ということで、予期せず拡散。ときに万単位のユーザーに拡散してしまう。

Aさんの投稿文

> 来年の4月のイベントにBさんがゲストで来るけど、打ち合わせの態度が悪かったな。イメージがいいのに、人間性を疑う。

⚠️ **不適切POINT**
❶ 情報解禁前なのに、Bさんの出演情報を投稿
❷ 対面したBさんの悪口をさらす

クライアントが投稿を察知
拡散中にクライアントが事実を察知。情報漏えいに加え、名誉毀損だと大問題に…。

SNSに投稿するときの注意点

ビジネスでのSNS投稿が職務の場合でも、誤解を招く表現や内容に問題がないかなど、上司に確認してから投稿するようにしましょう。

▷ 著作権や肖像権に配慮する

SNSに顔写真を投稿する際も注意が必要です。**たとえ個人名を出さなくても、見る人が見れば誰と写っているのかすぐに判断することができる**からです。投稿時には写っている人全員から許可をもらう、他者の顔は画像アプリで加工して隠すなど、気を配りましょう。

▷ 誰であろうと個人情報は 投稿しない

取引先の**企業名や個人名を安易にSNSに投稿するのは非常に危険です**。場合によっては機密情報をインターネット上にさらしてしまうことになりかねません。誰に見られているかわからないからこそ、投稿内容には十分気をつけましょう。

▷ 別の受け止め方をされる 可能性がある

仕事でもプライベートでも、楽しい出来事はSNSで共有したくなるものですが、たとえば忙しくしている友人や同僚が見たときに**「どうしてこの人だけこんなに楽しんでいるのか」**と、**不快な気持ちにさせてしまう可能性**もあります。更新を頻繁にしすぎたり、過度にハイテンションな投稿は控えるようにしましょう。

▷ 相手が不利益になる 投稿はしない

たとえ接待などで盛り上がったとしても、**SNSに情報をアップされること自体が相手のプライドを傷つけたり、不快な気持ちにさせてしまう可能性**があります。「相手にどう思われるか」を考えれば、容易には投稿できないはずです。

1-5 デスク回りの整理

☑ 情報と物が整理されたデスクが理想

　デスク回りの整理は、**必要なものを必要なときに取り出し、効率よく仕事を進めるために必要なこと**です。デスクが汚いと、物を失くしがちになります。仕事中に物を失くして探す作業は、時間と労力の無駄になります。また、不要なものが多くデスクの上が散乱していると、周囲から「物の管理ができない人」と受け取られる可能性もあります。**デスクの状態は自分の頭の中の状態と同じ**です。紛失のリスク、時間の無駄を減らせるように、常にきれいにしておきましょう。

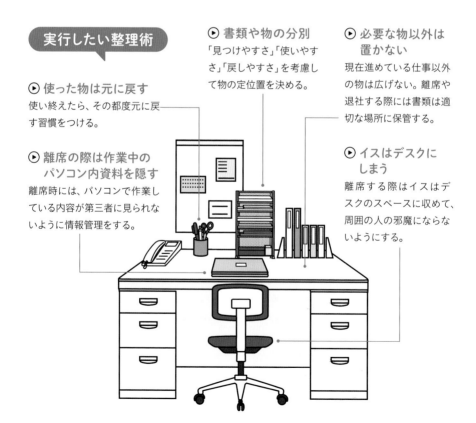

実行したい整理術

▶ **書類や物の分別**
「見つけやすさ」「使いやすさ」「戻しやすさ」を考慮して物の定位置を決める。

▶ **必要な物以外は置かない**
現在進めている仕事以外の物は広げない。離席や退社する際には書類は適切な場所に保管する。

▶ **使った物は元に戻す**
使い終えたら、その都度元に戻す習慣をつける。

▶ **離席の際は作業中のパソコン内資料を隠す**
離席時には、パソコンで作業している内容が第三者に見られないように情報管理をする。

▶ **イスはデスクにしまう**
離席する際はイスはデスクのスペースに収めて、周囲の人の邪魔にならないようにする。

デスクを整理しなければいけない理由

情報を管理する

取り扱うデータや資料は**個人のものではなく会社の物**という認識が必要です。何がどこにあるかを職場メンバーがわかるように仕分けや管理をしましょう。

仕事の効率アップ

見やすさや探しやすさを意識し、ファイルをプロジェクトごとにまとめたり、色違いのラベリングを活用して**視認性をアップさせましょう。**

周囲への配慮

自分のデスクといえども、そもそも会社の物です。周囲の人たちが不快にならないように、**物を使ったら必ず戻す**など整理整頓されたきれいな状態をキープしましょう。

☞ POINT

あると便利なデスク回りの整理グッズ

（多機能ラック）

A4サイズのファイルや書類が保管できる収納ラック

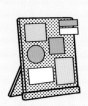

（吸着ボード）

名刺・メモ・ふせんなどを素早く貼りつけられる

（クリップホルダー）

マグネットが内蔵されているので散乱せず収納できる

1-6 指示の受け方

✓ 復唱確認とメモは必須

　仕事の指示を受けるときは、必ず返事をし、メモをとりながら話を聞きます。メモをとらずに記憶だけに頼ると指示の内容を忘れてしまったり、適切な質問ができずに勘違いしたまま進めてしまうこともあるので、**普段から記録に残すことを習慣にしましょう。**また、**指示を受けたあとは必ず復唱することも大切。**復唱されることで、相手も安心して仕事を任せることができます。わからない部分がある場合は、最後にまとめて質問します。

指示の受け方の基本

① 返事をする

上司や先輩から呼ばれたら、「はい！」と感じよく返事をしてすぐに席を立ちます。相手の斜め前に身体を向け、立って話を聞きましょう。

② メモをとる

アイコンタクトをとりながら、要点を素早くメモします。メモをとりながら確認すべき内容も考えます。**5W3H**（→P21）を意識するといいでしょう。

③ 指示内容を復唱する

話が終わってから「復唱します」と伝えてから、指示された内容を繰り返します。指示内容を進めるにあたり、不明点や情報不足があったら最後にまとめて質問します。

ホウ・レン・ソウを徹底する

「ホウ・レン・ソウ」とは、「報告・連絡・相談」を省略した言葉で、仕事を進めるための基本です。職場のコミュニケーションを活性化させ、風通しのよい職場環境にするためにはホウ・レン・ソウをしっかり機能させる必要があります。

与えられた指示に対して、その進行状況や結果を伝えること

ちょっとした作業でも必ず報告をしましょう。指示を受けた仕事の結果や進捗状況を適切なタイミングで上司に報告します。**報告まで終えて、仕事が完了したことになります。**上司に「あれどうなった？」と聞かれる前に報告することも大事です。報告する内容は、結論優先で簡潔に伝えます。

➡P22へ

事実について、その情報を必要な人に確実に届けること

連絡とは、仕事上の事柄や事実などの情報を、その情報が必要な人すべてに伝達することです。連絡の際のポイントは、**情報を「正確」に、「迅速」に、「確実」に届けること**です。連絡体制がしっかりとれている職場は、常に必要な情報を全員が共有できている状態にあります。

➡P24へ

判断に迷ったときに意見やアドバイスをもらうこと

仕事の中で疑問をもったり問題が起こった場合に、どうにか自分一人で解決しようと行動すると、結果的に大きなミスにつながることがあります。ミスを未然に防ぐためにも、**自分で判断できないことがあれば事前に周りに相談**しましょう。相談のタイミングを考え、相談するポイントをはっきりさせることが大切です。

➡P26へ

☞ POINT

5W3Hを覚えておく

5W
When	いつ
Where	どこで
Who	誰が
What	何を
Why	なぜ

3H
How	どのように
How many〜	どのくらい
How much〜	いくら

報告
ホウ

報告は、結論優先で必要情報を漏れなく伝えましょう。事前に報告事項を整理しておくとポイントを押さえた簡潔な報告ができます。

報告をするときの注意点

▶ 結論を優先する

相手が一番聞きたいことを最初に伝えるのが基本です。言わなければならないことがたくさんある場合でも、まずは結論から伝え、そのあとに理由や背景などをわかりやすく伝えます。

▶ 中長期の仕事は 中間報告を

日数がかかる仕事の場合、完了までの過程で数回は中間報告をします。目安として**3日以上かかる仕事は中間報告の必要が高い**と考えてよいでしょう。中間報告の内容は、具体的な状況や見通しです。進捗状況は順調か、方向性は間違いがないか、今後どのように進める予定かなどを具体的に伝えます。

▶ ミスやトラブルは 一刻も早く報告

ミスがわかった時点ですぐに上司に謝罪と状況報告をし、指示を仰ぎましょう。このとき、なぜミスやトラブルが起きたのか、その経緯も簡潔に説明するのが鉄則です。ミスやトラブルは時間が経てば経つほど解決が難しくなるもの。早いほうが解決のための選択肢が多くあります。

▶ あいまいな表現は避ける

「おそらく」「たぶん」「だいたい」「〜だと思う」などのあいまいな言葉はできるだけ使わないようにしましょう。相手に不安感を与えてしまうだけでなく、正確な情報が伝わらずミスにつながる可能性があります。

▶ 報告は指示をされた 相手に直接する

仕事が完了したら**指示を出した人に直接すぐに報告します。**ほかの上司や先輩に報告して終わることのないようにしましょう。

報告のステップ

① ## 上司の都合を聞く

「〇〇についてご報告したいのですが、今お時間よろしいでしょうか」などと相手の都合を確認します。遠慮して声をかけそびれて、報告が遅くならないように気をつけましょう。

> 「本日、〇〇の件でご報告したいのですが、どこかでお時間いただけないでしょうか」など、朝のうちに報告の時間を確保してもらうのもGOOD!

② ## 結論優先で話す

要点を押さえつつ簡潔に報告します。相手にすぐに話の内容を理解してもらえるように、不必要な情報を省いて、**必要な情報を結論優先で順序立てて**伝えます。

③ ## 補足説明や視覚情報を伝える

グラフや比較表、写真など、視覚的に具体的なものを見せると、説明するより早く相手に理解してもらえることがあります。それらのツールを上手に使って報告するといいでしょう。

④ ## 「事実」と「憶測・意見」を分ける

憶測や意見は、事実の伝達が終わってから、**「これは私の推測ですが」「ここからは私の意見ですが」と前置きしてから**伝えるとよいでしょう。自分の憶測や意見と、客観的な事実は明確に分けて話さないと、上司が憶測や意見を事実と勘違いして誤った判断や指示を下してしまう可能性があります。

☞ POINT

報告するときのポイント

- 結論優先で話す
- 中長期にわたる仕事は中間報告をする
- 「事実」と「憶測・意見」を分けて伝える
- ミスやトラブルなど悪い報告ほどすぐに報告する

連絡 レン

連絡は、情報が必要な人すべてに
「正確」「迅速」「確実」に相手に届けることが大切です。

連絡をするときの注意点

▶ 情報を正確に伝える

正確に相手に情報が伝わるよう、**誰が聞いても同じ受け止め方ができる言葉を使いましょう**。具体的な数値を使う、日時を明確にする、誰が誰にといった事実がはっきりわかるように伝えます。

> 「5月15日（金）の14時までに、□□社の営業部 鈴木部長宛にサンプルの企画書を提出することになりました」など、なるべく具体的に

▶ 連絡は早さが重要

連絡はできるだけ早いほうが、相手も準備や対応の時間をしっかりとることができます。連絡を早くすることは、相手を尊重するということにもつながります。

▶ 内容に合わせて連絡手段を選択

最近では、電話、メールなどさまざまな連絡手段があるので、それぞれの特徴を理解し、**内容や状況によって最適な方法を選ぶことが大切**です。電話などの口頭連絡は迅速性や相互確認の早さはあるものの記録に残らない、メールや紙の文書は記録に残り、視覚情報で理解を促しやすい一方で確実に読んでもらえるかわからないなど、各手段にはメリットとデメリットがあります。デメリットを補えるよう連絡手段を複数にするなどの工夫をしましょう。

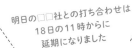

明日の□□社との打ち合わせは
18日の11時からに
延期になりました

☞ POINT

連絡するときのポイント

- 誰が聞いても同じ受け止め方ができる言葉を使う
- 連絡内容や状況により、連絡手段を適切に選ぶ
- 連絡はできる限り早く行う

遅刻・欠勤・早退の連絡

▶ 自分の状況は上司に 逐一報告する

勤怠管理をしている上司が、自分の部下がどのような状況にあるか常にわかっている状態にしましょう。遅刻・欠勤・早退などの突発的なことも**必ず上司が把握できるよう、確実に連絡をします。**

人身事故で電車が遅延していて、30分ほど遅れてしまいます

▶ 遅刻するときは 会社のルールに従う

出勤時間に遅れてしまう場合は、**直属上司に電話で連絡するのが基本**。同僚に電話、メールを送るだけ、という連絡方法は上司に確実に伝わるかわからないので不適切です。ただし、最近は「SNSグループで連絡」と決めている会社もあるので、自分が勤める会社のルールに従って、時間に遅れるとわかった時点ですぐに連絡しましょう。

▶ 欠勤するときも 電話が基本

病気などで急に当日欠勤しなければならないときも、**基本は電話連絡です。**その際に、自分が不在でも問題なく仕事が進むよう、**必要事項の伝達もしましょう。**誰かに何かを頼む場合や連絡事項が多い場合は、可能な範囲でメールなど記録が残る方法で伝達するほうが確実です。

▶ 早退するときは 上司に伝える

急に体調が悪くなってしまった場合や家族の緊急事態などの場合も、**必ず上司に直接伝えて許可をとってから早退しましょう。**上司が不在の場合は周囲に相談し、伝言をお願いすることもあるかもしれませんが、できれば上司の机にメモを残したり、上司が戻る時間に電話をするなどの礼儀も必要です。

☞ **POINT**

遅刻・欠勤・早退のポイント

- 出勤時間に遅れる場合は、直属上司に電話で連絡をする
- 急な欠勤の場合は、欠勤連絡の際にできるだけ周囲が困らないように必要な情報の伝達もする
- 早退の場合は、基本は上司の許可をもらってから帰宅する

相談 ソウ

判断に迷ったら、
周囲に意見やアドバイスをもらうことが大切です。

相談をするときの注意点

▶ 迷ったら相談！の くせをつける

社会に出ると、自分だけの判断で進めていいか迷う場面も多いもの。そんなときは**遠慮せず、上司や先輩に相談しましょう。**事前にミスを防ぐことにもつながります。

▶ 相談内容をはっきりさせ、 自分の意見も用意しておく

たとえば相談内容があいまいだったり、自分の意見がまったくない相談では、相談を受けた上司もいいアドバイスができなくなってしまいます。**事前に内容をきちんとまとめ、自分の意見も伝えられるようにしておきましょう。**

▶ 上司に話しかける タイミングに注意

相談を受ける側も、余裕がある時間のほうが落ち着いて的確な意見やアドバイスが出てくるものです。**相手の都合を配慮し、相談を持ちかけるタイミングを考えましょう。**

「ご相談したいことがあるので、今日か明日ご都合のよいときにお時間をいただけないでしょうか」など相手の都合に配慮する

☞ POINT

相談するときのポイント

- 判断に迷ったら相談する
- 相談する前に 上司の都合を聞く
- 相談ポイントを明確にし、 自分の意見も用意する

第 2 章

社会人の
感情コントロール

仕事をしていると、日々さまざまな感
情が芽生えるものです。

感情を上手にコントロールしながら、
前向きな気持ちで仕事に臨めることが
理想的。そのために心がけたい習慣や
解決方法をご紹介します。

☑ 自分の感情をストレートに出すのは危険

　ビジネスにおいては**常に冷静な態度や適切な判断が求められます**。しかし、人間ですから、感情に左右されて論理的な思考ができず冷静さを欠いた言動や大きな判断ミスをしてしまうこともあります。自分の感情をストレートに出して、相手を不快にさせたり、不用意な言葉で相手を怒らせて、せっかくの信用を損ねることもあってはいけません。そのため、自分の感情のコントロールが必要になってきます。

どちらの状態も注意

喜　楽

例）
- 今日から始まるセールに仕事帰りに行くのが楽しみ
- 順調に進んでいるゲームの続きがしたい
- 恋人ができた
- 来週から海外旅行

⬇

仕事に差し支えること

- 上の空になり仕事に集中できない
- 大事な情報を見逃してしまう
- 必要な手順を飛ばしてしまう
- しっかり調べず適当な回答をしてしまう

怒　悲

例）
- 朝、家族とけんかをして出てきた
- SNSで自分の悪口が書かれているのを見てしまった
- お客様から理不尽な理由でクレームを受けた
- 同僚に嫌みを言われた

⬇

仕事に差し支えること

- 仕事へのモチベーションが下がる
- 自暴自棄になり横柄な態度をとる
- 不機嫌そうな顔をお客様に見せてしまう
- 仕事のペースが遅くなる

今の状態を知る

今の自分がどのような状態であるかを知ることが、感情コントロール術のスタートです。「喜」「楽」の状態で浮かれすぎると集中力に欠け、また「怒」「悲」の感情は個人のモチベーションを下げ、仕事の成果が出しにくくなります。感情の波が「ニュートラル」な状態をキープできるよう常に心がけましょう。

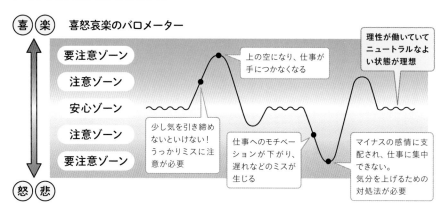

喜怒哀楽のバロメーター

（喜）（楽）

要注意ゾーン
注意ゾーン
安心ゾーン
注意ゾーン
要注意ゾーン

（怒）（悲）

上の空になり、仕事が手につかなくなる

理性が働いていてニュートラルなよい状態が理想

少し気を引き締めないといけない！うっかりミスに注意が必要

仕事へのモチベーションが下がり、遅れなどのミスが生じる

マイナスの感情に支配され、仕事に集中できない。気分を上げるための対処法が必要

安定した状態をキープするための方法

自律神経の安定

- 早起きをする
- 生活リズムを整える
- バランスのよい食事をとる

思考力の活性

- 考えること、解決すべきことは午前中に行う
- 朝に散歩する
- 掃除や洗濯などで身の回りをすっきりさせる

無駄な思考の排除

- 夜に考えすぎない
- 自分を責めすぎない
- 人は人、自分は自分だと言い聞かせる

☞ POINT

「玲瓏（れいろう）な池」をイメージする

玲瓏とは、「玉のように美しく澄みきっている様子」のこと。玲瓏な池、つまり澄んでいて鏡のように輝く水面のような心の状態が理想的です。自分の感情のために、水面が揺れていたり波打ったりしている状態では、的確な判断がしにくいもの。自分の胸のあたりに池があるように想像し、その波を落ち着かせてスーッと水面を輝かせるようにイメージしながら深呼吸してみましょう。

マイナスの感情を露骨に出さない

仕事でもプライベートでも悲しいことやつらいこと、頭にくるような出来事は避けられません。しかし、そのことで、**頭に血が上って通常ではあり得ないミスをしたり周囲に迷惑をかけたりすることがないよう**注意が必要です。ビジネスの場であることを忘れず、常にベストな状態が維持できるようにしましょう。

感情的に言い訳をしてしまう

POINT

感情を露骨に出したときのデメリット

- 周囲が不快になる
- 周囲に余計な心配をかける
- 感情的な人とは一緒に仕事をしたくないと思われる
- コミュニケーションがうまくとれないとお互いがストレスに感じる
- 仕事にも大きな影響を与えると、仕事のやりがいも減る

怒りと悲しみの感情解消法

怒りや悲しみの感情も、生きているからこそと思えば愛しく思える感情でもあります。とはいえ、自分がどっぷり悲しみや怒りに身を置いているときには、そのような余裕はもてないでしょう。ここでは、自分の状態をすっきり整理するための方法をご紹介します。

書き出す

なぜ自分はマイナスの感情になっているのかを明確にするために、実際に起こったことや思いを書き出してみましょう。何に対して悲しんでいたり怒ったりしているのか、**その感情の根源にあるものは何か、自由に思いついたまま書きます。**視覚化することで、気持ちの転換ができるようになります。

ポジティブに転換する

一つの事柄には表と裏があると考えましょう。たとえば、私だけに厳しいという事柄に対して、嫌われているかもしれないと思うのではなく、期待されているに違いないと思えれば、相手への見方も自分の気持ちも180度変わるものです。**「この状況、この気持ちをプラスに転換するとどうか」**というポジティブ転換をすることで気持ちも変わります。

他人に相談する

自分では大きなことだと思っていることが、他人から見るとたいしたことでないことはよくあります。当事者だと冷静に自分のことが見られなかったり状況判断がしにくいものです。**立場や価値観や考え方の違う人の意見を聞くことで視野が広がり、解決策が見つかる**こともあります。

マイナスの感情をニュートラルに戻す方法

ストレスがない仕事などないと考えましょう。その上で、いかにストレスの解消法を自分がもっているかで、自分の精神状態を良好に保てるかが変わります。自分に合う方法をいくつか書き出しておいたり、ストレスがない状態のときに新しいことにチャレンジしておくこともおすすめです。

自分が気持ちいいと思えることをする
- 映画を観る
- 旅行をする
- お風呂にゆっくり浸かる

身体がすっきりすることをする
- 深呼吸
- カラオケに行く
- 筋トレをする

気分を変える
- 友人と会う
- 自然に触れる
- 動物とたわむれる
- 大好物を食べる

社会人が一番ストレスを感じるのは人間関係だと言われています。立場や年齢、自分の中の常識が違う人が一緒に仕事を進めるので当然コミュニケーションのとりにくさを感じることも多いでしょう。その場合、根本原因を解決しないことには状況が変わらないこともあります。ここでは、**相手の立場や気持ちを尊重しながら自分の主張もしっかり伝えていく方法**を覚えましょう。

アサーションスキルを身につけよう

アサーションとは、相手を尊重しながらも自分の主張や要望を率直に誠実に伝えるコミュニケーションスタイルです。自分の主張を一方的にするのではなく、「自分も大事・相手も大事」という相互尊重を前提にした主張のことで、感情を伴うと言いにくい場面には特に有効です。下記の3つの行動傾向のうち、アサーティブのコミュニケーションスタイルを心がけると、周囲とよりよい関係が築けるようになるはずです。

アサーションの観点で見る3つの行動傾向

① アグレッシブ（攻撃的）

自分の主張や要求を通そうと、**相手に「ノー」と言わせない一方的で高圧的なコミュニケーションスタイル**です。偉そうで自分勝手な人という印象を与えるため、その後のコミュニケーションがうまくいかないこともあります。

② ノンアサーティブ（非主張的）

自分よりも相手のことを優先して、自分のことを後回しにしたり**自分の主張が素直に言えずに相手の意見をそのまま受け入れたりするコミュニケーションスタイル**です。引っ込み思案で遠慮がちなタイプの人によく見られます。

③ アサーティブ（相互尊重）

相手の立場や気持ちに配慮しながらも、自分の主張や要望を適切に伝えていくコミュニケーションスタイルです。**説得力や冷静さを感じさせることができる**ため、継続的な関係づくりやチームワークの向上が図れます。

3つの行動傾向の例

【 シチュエーション 】仕事が手いっぱいなところに、上司が新しい仕事の依頼をしてきた

① アグレッシブ
（攻撃的）な返答

> いつも私にばかり仕事を増やさないでください！
> もっと暇そうな人いますよね？

② ノンアサーティブ
（非主張的）な返答

> かしこまりました（これ以上できないのに言えない…）

③ アサーティブ
（相互尊重）
な返答

> 実は今、このような状況です。優先順位を教えていただけますか？

または

> 誰かと一緒にやらせていただけますか？

または

> 締め切りを伸ばしていただくことはできますか？

⇒ 人間関係でストレスがかかったときには、相手に配慮しながらも、自分の主張も伝えるアサーティブな態度という選択肢があることを覚えておくとよいでしょう。相手の気持ちを考えながら、状況を冷静に伝え、どうしてほしいかの希望を提案しましょう。

･ COLUMN ･

仕事への集中力を高める工夫

▶ 適度に休憩をとる

それほど多く休憩がとれない職場もありますが、**特に集中しなければいけない業務にとりかかる場合は、意識的に休憩時間をとるようにしましょう。**

▶ 昼休みに10〜15分程度の仮眠をとる

午後2〜4時は、身体のリズムで眠くなる時間帯。この**眠気を予防するために昼休みに仮眠をとることが有効**なことがわかっています。

▶ 軽いストレッチ

座りっぱなしの仕事などデスクワークが多い人は、**ほんの少しのストレッチで心身をすっきりさせることができます。**特に、筋肉をゆっくり伸ばすストレッチは、血行がよくなり緊張も和らぎます。無理をせず気持ちいいと感じる程度に行います。

- 腰を回す
- 背中を伸ばす
- 腕や首を回す　など

DESC話法の使い方

☑ DESC話法で適切に気持ちを伝える

相手に正しく気持ちを伝えて問題を解決したり、提案を感情的にならずに論理的に伝えたいときにはDESC話法を使うとよいでしょう。

DESC話法が 有効な場面	・問題を解決したい ・改善行動を図りたい	・お互いを尊重し合った交渉をしたい ・提案を聞いてほしい

DESC話法とは

D
Describe
（述べる）

事実の共有
誰が見ても聞いても「確かにそうですね」という客観的事実や状況の共有をします。

> POINT
> 客観的事実を脚色せずそのまま伝える

E
Express
（表現する）

自分の主張や感情を表現する
自分の気持ちを率直に誠実に、感情的にならずに伝えます。

> POINT
> 自分の主観的な気持ちを冷静に説明する

S
Suggest
（提案する）

提案をする
主張をもとにした相手に望む具体的かつ明確な提案をします。提案は複数用意して、相手が提案に対して「NO」と言ってきた場合の第2、第3候補も用意しておくと安心です。

> POINT
> 複数の提案を用意。提案ごとに譲歩できる内容が理想

C
Choose
（選択する）

選択を求める
提案について、相手も「YES」か「NO」かの選択ができます。「NO」であれば自分がどうするかも考えておきます。S（Suggest）が複数あれば、第2候補を提案します。

> POINT
> YESかNOか相手に確認する。第2候補でYESの場合も前向きに取り組む

DESC話法の例❶

【 シチュエーション 】

今回のA社へのプレゼンチームに選ばれなかった。以前からA社のプレゼンには関わりたいと思っていたので、上司に何らかの機会をいただきたいという主張を伝える。

D　「今回のA社のプレゼンチームに私は選ばれませんでした」

E　「これまでの経験も生かせると思うので、
　　　次のプレゼンではメンバーになりたいと思っています」

S　< POINT　提案は複数 >

提案1 「プレゼンに関わるバックグラウンドの仕事を、
　　　　一部でもお任せいただけないでしょうか」

C　YESなら ……「ありがとうございます」と感謝の気持ちを伝えます。
　　　NOなら …… 提案2へ。

提案2 「経験を積みたいので、営業範囲を広げていただけないでしょうか」

C　YESなら ……「ありがとうございます」と感謝の気持ちを伝えます。
　　　NOなら …… 提案3へ。

提案3 「スキルを高めるために、鈴木さん（プレゼンメンバー）の別の
　　　　お仕事でもいいので、お手伝いさせていただけないでしょうか」

C　YESなら ……「ありがとうございます」と感謝の気持ちを伝えます。
　　　NOなら …… Eに戻り、
　　　　　　　　　**「鈴木さんのような完璧なプレゼン資料を作る
　　　　　　　　　スキルを身につけたいので、近くで学ばせてほしいです」**
　　　　　　　　　など、前回よりも熱意の伝わる言葉で
　　　　　　　　　自分をアピールします。

DESC話法の例❷

【 シチュエーション 】
田中さん（先輩）が私のことを「仕事にやる気がない」
と同僚に言っているという話を聞いてしまった。

D 「実は、田中さんが、私の仕事ぶりにやる気が見られないと
おっしゃっているという話を伺いました」

E 「私は仕事が好きですし、やる気もあるんです。
ただ、仕事の進め方や態度に問題があるかもしれないと思いました」

S ─< POINT 提案は複数

提案1 「何かやる気がないように見えることをしてしまいましたでしょうか」

C 具体的に教えてもらったら
…………お詫びと「今後がんばります」とやる気を伝えます。
NOなら…… （特に具体的に何かがあったわけではない）と
言われたら、提案2へ。

提案2 「改善するべき行動などがあれば教えていただけないでしょうか」

C アドバイスをもらえたら
…………「ありがとうございます」と感謝の気持ちを伝えます。
NOなら…… 提案3へ。

提案3 「今後はもっと田中さんの仕事の仕方を学んでいきたいので、
どんどん声をかけてもいいですか？」

C YESなら…「ありがとうございます、よろしくお願いします」と
伝えます。
NOなら…… Eに戻り、
「今後もっとがんばろうと思っているので、
今後気になる点があれば、ぜひ教えていただけると
嬉しいです」と伝えます。

第 3 章

身だしなみの基本

人は第一印象で相手がどんな人なのか
を判断します。そのため、身につける
アイテムや髪型はとても重要です。一
人の大人として個性を大切にしつつ、
どこへ行っても恥ずかしくないような
身だしなみを覚えましょう。

身だしなみで大切なこと

✅ 身だしなみはおしゃれとは違う

　自分の好みを優先させるおしゃれに対して、**身だしなみは「周りから見てどうか」という他者評価が優先されます**。社会人になることは「会社の顔」として見られることでもあります。身だしなみを整えることで会社のイメージアップにつながりますし、自信がもてれば堂々と振る舞うこともできます。身だしなみを意識した範囲内であれば、ワンポイントに自分らしいアイテムを加えてもよいでしょう。

機能性

仕事に合う動きができるかどうか。自分の身体にジャストサイズで、どのような動作もしやすい服装を選びます。

清潔感

清潔そうに見えるかどうかがポイント。清潔感のある身だしなみは、好感度を高めます。

信頼感

企業イメージに合っているか、自分の担当業務を行うにあたってお客様や職場メンバーから違和感をもたれないかがポイント。

大切な3つの要素

(1) 清潔感

たとえば洗い立てのシャツでも、シワがたくさんついていたらどんな印象をもちますか？　清潔と清潔感は違います。**他人から見て清潔そうに見えるかどうか**を判断基準にしましょう。すっきりとまとめられた髪、シワや汚れのない衣服、きれいに磨かれた靴など、清潔感のある身だしなみは好印象を与えます。外出する前は鏡で全身をチェックするようにしましょう。

(2) 機能性

ビジネスの場面では、お辞儀をしたり、荷物を運んだり、不測の事態の際にはやむを得ず走ることもあります。機能性とは、**安全性を保ちながらさまざまな動きに対応できること**です。サイズは合っているか、衣服や靴のデザインに問題はないか、着崩すことで安全性を損ねていないかなど確認しましょう。女性は胸の開き具合やスカート丈にも注意が必要です。

(3) 信頼感

この会社にはこういう人がいるだろう、この職種の人はこういう服装をしているはずだ、というように会社や職種にもつイメージがあります。**そのイメージに合うように身だしなみを整える**ことで信頼感が高まります。逆に、マイナスになるような服装や髪型にすることで、個人のイメージだけでなく会社のイメージもダウンしてしまいます。

男性の身だしなみ

✅ 周囲から信頼される装いを

　男性はビジネスシーンではスーツが基本。クールビズ期間などカジュアルな服装でまとめることはあるものの、大事な場面で堂々と振る舞えるアイテムを用意しておくことは信頼度を高めるためにも必要です。**自分のサイズに合ったスーツやシャツを着用**し、清潔感のある明るい印象となる髪型や、きれいに磨かれた靴など、細かい部分にも意識を向けましょう。奇抜なデザインや色は個性あるファッションが求められる職場でない限り、選ばないほうが無難です。

シャツ
ジャストサイズで無地の白のものを選ぶ。シワ、汚れにも注意。

ネクタイ
無地やストライプ、控えめなドット柄などで、シルク素材のものがおすすめ。

爪
清潔な印象に見えるよう常に短く切っておく。

靴
スーツの色に合うダーク系の色のもの。汚れる前に磨いておく。

髪型
前髪、サイドの髪、えりあしの長さに注意。表情が見えるすっきりしたスタイルが理想。

スーツ
ボタンは2つか3つのシングルのものが一般的。パンツはセンタープレスをくっきり出すと、きちんとした印象に。

私服OKの場合
デニムやスウェットがOKの職場もありますが、よれよれのTシャツや派手すぎる色や柄のものなどはイメージが悪くなるので避けましょう。

シャツ

 **OK**

 **NG**

首回りや袖の長さなど、自分の体型に合ったものを選ぶ。色は無地の白が基本。それ以外であればシンプルなストライプや淡いカラーが無難。

派手なプリントや柄、色合いのものはビジネスシーンにはふさわしくない。シャツの下のインナーは白かベージュに。インナーの色や柄が透けて見えるのもNG。

ネクタイ

 **OK**

 **NG**

無地や控えめなストライプ、細かいドット柄がおすすめ。結んだときにきれいな逆三角形になるように緩みなく締める。

個性が強すぎると感じられるニットタイやキャラクターなどの大きなプリントが入ったものは避ける。

髪型

 **OK**

 **NG**

ビジネスシーンでは、短髪でもスタイリングし、爽やかで清潔感のある髪型に整える。表情が明るく見えるように、できるだけ額や眉を見せる。

前髪が目にかかるような長さや過剰なパーマ、カラーリングはNG。全体的に長いぼさぼさ髪や大胆に遊ばせた毛先もだらしなく見えるので注意。

☑ 周囲との調和を考える

　ジャケットのデザインやスカートの長さや色など、男性に比べて女性は服装の選択肢の幅が広いため迷いがちですが、まずは**シンプルで着まわしのきくアイテムを揃えておく**とよいでしょう。華美になりすぎたりカジュアルすぎる服装は控え、ビジネスの場面であることを意識した身だしなみを整えましょう。

メイク
顔色が悪く見えないよう、ナチュラルメイクを。口紅は塗りましょう。

ジャケット
黒、紺、グレー、ベージュなどのベーシックな色を選ぶ。汚れやシワがないように。

ネイル
派手すぎる色や過剰なネイルアートは避ける。

靴
つま先もかかとも覆われたスーツの色に合うベーシックなパンプスがおすすめ。

私服OKの場合
TシャツやデニムがOKでも、カジュアルすぎないものを選びましょう。丈の短すぎるスカート、スリットが深いスカート、背中や胸元が大胆に開くなど肌の露出が多いものは避けるべきです。

スカート
膝が隠れるくらいの長さで、座ったときにももが見えない長さが理想。

ストッキング
ベージュが基本。冬は黒もOKな職場が多い。伝線に注意する。

メイク

OK

NG

化粧をしている＝仕事モード。肌を色よく見せるためにファンデーションを軽くつけ、健康的で明るい印象になるよう口紅は必須。メイク直しのために化粧ポーチを携帯する。

化粧をしないで仕事に臨むのはNG。また、派手なアイシャドーやチーク、ボリュームのあるまつげなどは印象が悪くなることもあるので注意する。

ヘアスタイル

OK

NG

ロングヘアはヘアゴムなどを使いすっきりまとめる。ボブやショートの場合も、前髪が目にかからないように注意。広がりやすい髪の人はヘアアイロンやワックスで整える。

前髪で目が隠れるヘアスタイルや寝癖に注意。出かける前は、後ろ姿までしっかりチェックするのを忘れずに。明るすぎる色の茶髪や金髪は、ビジネスシーンにはふさわしくない。

ネイル

OK

NG

手元は意外と見られているもの。ナチュラル系の1色であればネイルOKの職場が多い。ささくれはネイルオイルでケアを。手肌はハンドクリームで保湿して。

派手すぎる色や、たくさんのストーンや絵柄の過剰なネイルアートは避ける。爪の長さにも注意が必要。爪でキーボードをたたく音を嫌う人も多い。

カジュアルスタイル

　夏場はネクタイをしないクールビズスタイルが主流ですが、カジュアルな中にも**清潔感のある服装を心がけましょう**。クールビズ期間中はジャケットやネクタイを着用しないスタイルが主流ですが、どこまで許されるかは職場によって違います。**周囲に合わせて服装を考えましょう**。女性も夏場は服装が軽くなりますが、キャミソールや胸元の開いた服、短すぎるスカートなど露出の高い服装は避けるのが基本です。

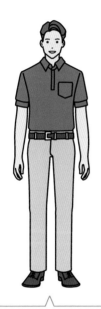

半袖のポロシャツにチノパンは、爽やかで信頼感もある印象に。

通気性のよい素材のカットソーとスカートですっきりとした印象に。

シャツの襟元のボタンを一つ開けて体型に合ったパンツと合わせる。

☞ POINT

会社に常に置いておくべきもの

クールビズ期間でも急な訪問や来客応対、クレーム対応など、突然きちんとした信頼度の高い服装が求められる場合でも慌てずにすむように、ジャケット、ネクタイ、黒の靴などは会社に置いておくとよいでしょう。

3-4 ビジネスシーンの小物

✓ 小物も人柄を表す

　身につける小物も"どのような人物か"という判断をされる大きな要素になります。そのため、あくまでもビジネスシーンであることを前提に、**自分の会社のイメージや仕事内容にふさわしい小物**を揃えましょう。**シンプルで機能性が高く、周囲から浮くことのないもの**を選ぶのが無難です。色やデザインに個性や好みが出すぎる奇抜なものは避けたほうがよいでしょう。

メガネ

OK

フレームは黒、ブラウン、グレーなど、ビジネスシーンにふさわしい色で、デザインがシンプルなもの。

NG

フレームが極端に分厚いものや、派手すぎるデザイン、色のものは避ける。

腕時計

OK

腕時計はビジネスパーソンには必須のアイテム。文字盤もベルトもシンプルで、スーツスタイルに合うもの。

NG
Chi Chi Chi

スポーティすぎるものや派手すぎるものは軽率な印象を与えてしまうので避ける。音がなるものもNG。

靴下

OK

男性は黒や紺色などのふくらはぎまであるビジネスソックスを選ぶ。女性はベージュのストッキングが基本。

NG

くるぶしまでのスニーカーソックスは避ける。柄が派手すぎるものもビジネスシーンではNG。

靴

ほどよく光沢感があるベーシックなデザインの革靴。常に磨いておくようにする。

極端に先がとがっている革靴は軽率なイメージに。カジュアルすぎるスニーカーも避ける。

色やデザインはベーシックなもので、安定感のある歩きやすいものがおすすめ。パンプスを履く場合、ヒールの高さは3〜6cmが理想。

極端にヒールが高いものや、かかとを覆うものがないサンダル、ミュールは避ける。ブーツもビジネスシーンにはふさわしくない。ブランドロゴが目立つ靴も避ける。

☞ **POINT**

素足に履いたり
スーツの色に合わないものはNG

どんなに暑い時季でも、素足に靴を履くのはやめましょう。男性は靴下、女性はストッキングを着用してから靴を履くのがマナーです。私服ではおしゃれに見える装いも、ビジネスシーンでは通用せず、信用を損ねる可能性もあります。

バッグ

OK

NG

バッグは底に鋲がついているタイプのものを選ぶと、床に置いたときに自立する。ファスナー付きのものが理想。開けっ放しで中身が見えないように注意する。

ビジネスシーンでもリュックの使用は増えているが、アウトドアの印象が強すぎるデザインや素材のリュックは避ける。靴と同様、過度に高価なブランドのものは避ける。

そのほか

- **名刺入れ** ………… 革製のシンプルな二つ折りのもの。奇抜なデザインのものは避ける。
- **手帳＆筆記用具** ……… シンプルなカバーのビジネス手帳がおすすめ。
  キャラクターもののペンやペンケースは幼い印象になるので注意。
- **スマートフォンケース** …… ベーシックなデザインのものが好ましいが、
  遊び心のあるデザインが話のきっかけになることもある。

☞ POINT

常に携帯しておくといいもの

外出先では、予期せぬトラブルが起こることも。
普段からバッグの中に入れておきたい便利アイテムをご紹介します。

スマートフォン充電器

重要な連絡を逃すことがないよう、スマートフォンは電源が切れないようにしておく。

折りたたみ傘

急な天候の変化に備えて、折りたたみ傘は常に携帯しておくとよい。

ソーイングセット

パンツやスカート、ジャケットが破れたときの応急処置に活躍。

シミ抜き洗剤

食事や泥はねなど、外出先で服が汚れてしまったときの強い味方。

第一印象を決める挨拶

✓ 爽やかな挨拶は人間関係の基本

　挨拶は、コミュニケーションの第一歩です。挨拶がなければ人間関係はスタートしないと言っても過言ではありません。常に爽やかで礼儀正しさの感じられる挨拶をすることで、相手との関係構築ができるだけでなく、周囲からの印象もよくなります。さらに、自分から挨拶をすることで相手への敬意を伝えることができます。社内では**誰に対しても積極的に明るい挨拶を習慣にしましょう**。

おはよう
ございます

表情
相手の目を見て自然な
笑顔で。口角を上げる
ように意識する。

声の出し方
ハキハキと声のトーンを
高めに発声すると明るく
爽やかな印象になる。

姿勢
必ず相手に身体全体を
向け、背すじを伸ばし
て挨拶する。

職場で心がける6つの挨拶

職場でよく使う挨拶言葉を覚えましょう。アイコンタクトをとり、感じよく伝えましょう。

挨拶はビジネスの慣習

挨拶をしないことで「失礼な人、常識がない人、ビジネスの意識に欠ける人」という印象をもたれてしまうので、声を出しにくい場でもせめて目を合わせて軽く頭を下げましょう。

> **「おはようございます」**
> 朝出社したら周囲に聞こえるように爽やかな声で言いましょう。

> **「ただいま、戻りました」**
> 帰社したとき。無言でデスクに戻るのはやめましょう。

> **「お疲れさまです」**
> 社内で人に会ったときに。他部署の人にも積極的に挨拶しましょう。

> **「行ってまいります」**
> 外出するときに伝えておくといいでしょう。

> **「お帰りなさい」**
> 帰社した人を迎えるときに。爽やかな笑顔を添えると印象アップ。

> **「お先に失礼いたします」**
> 退社するときも、周囲に聞こえるように挨拶してから帰ります。

☞ POINT

目上の人に「ご苦労さま」はNG？

「ご苦労さまでした」は、立場が上の人が下の人に使う言葉なので、使わないようにしましょう。上司や先輩が帰られるときは、必ず「お疲れさまでした」を使います。

NG

ご苦労さまでした

立ち姿勢とお辞儀の仕方

☑ 正しい姿勢とお辞儀で信頼度アップ

　ビジネスシーンでは、立って人の話を聞いたり、挨拶でお辞儀をする機会が多くあります。美しい姿勢や正しいお辞儀は、自信や信頼感を伝えることができます。対面の場合は、**身体全体を相手に向けた「正対」をとること**が基本です。首だけを相手に向けることがないように気をつけましょう。お辞儀は状況に合わせて倒す角度を変えます。基本的には**「気持ちの深さを角度で表す」**と覚えましょう。

立ち方

あご
少し引いて、床と平行になるようにする。

胸
胸を張って肩の力を抜く。

背すじ
背骨を上に引き上げるように意識する。

手
指を揃え、男性は身体の横、女性はおへその少し下で組む。

かかと
かかとをつけ、つま先をこぶし1個分ほど開く。

お辞儀の仕方

ビジネスシーンには主に3パターンのお辞儀があります。状況に合わせて使い分けられるようにしておきましょう。

正しいお辞儀のポイント

- お辞儀の最初と最後にアイコンタクトをとる
- 腰から倒す（腰から上は一直線）
- 下で一瞬止まる　最敬礼は少し長めに
- 起き上がるときはゆっくりと

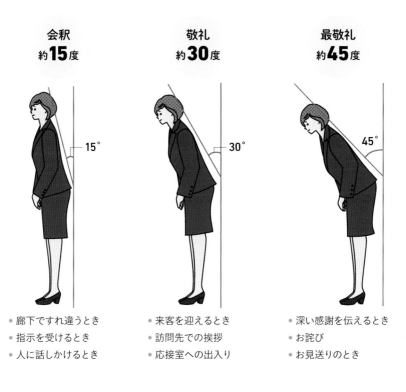

会釈
約**15**度

敬礼
約**30**度

最敬礼
約**45**度

- 廊下ですれ違うとき
- 指示を受けるとき
- 人に話しかけるとき

- 来客を迎えるとき
- 訪問先での挨拶
- 応接室への出入り

- 深い感謝を伝えるとき
- お詫び
- お見送りのとき

☞ POINT

同時礼と分離礼（先言後礼）

「同時礼」とは挨拶の言葉の途中でお辞儀の動作に入る礼、「分離礼」とは挨拶の言葉を言い終わってからお辞儀の動作に入る礼のことです。スピード優先のときは「同時礼」、丁寧さ優先のときは「分離礼」を使うことが多いと覚えておきましょう。接客業では、いずれの場面でも分離礼と決まっている会社もあります。心の込もった挨拶とお辞儀は、ビジネスパーソンへの第一歩です。

自己紹介の仕方

自己紹介では、 時間、印象、目的**の３点を意識することが大切です。**

時間
30分／1分／
3分

与えられた時間に対して**短すぎるのも長くなるのもNG。** 30秒、1分、3分だとどの程度の内容を伝えられるか日頃からトレーニングしておくとよいでしょう。

印象

明るい表情ですべての人とアイコンタクトをとるようにしながら話します。意欲や自信を伝えるには、少し大きな声のほうが効果的。ゆっくりと、できるだけ滑舌よく。

自己紹介の流れ

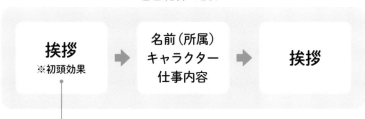

挨拶
※初頭効果
→
名前（所属）
キャラクター
仕事内容
→
挨拶

初頭効果とは、「最初の印象が記憶に強く残る」という心理効果。初めて会う際に行われる自己紹介でよい印象を与えることができれば、その後も「しっかりした人」「信頼できる人」というよい印象が強く相手に残ります。

はじめまして
このたび営業部に
配属されました
鈴木花子と申します

目的

自己紹介は、PRや相手との距離感を近づけるための大きなチャンス。「なぜ自己紹介をするのか」という**目的に合わせた内容を伝える**ことで与えられたチャンスを有効に使うことができます。名前を覚えてもらうことが優先であれば名前の由来や覚えやすいネタを。会社のPRが優先であれば、商品サービスの特徴を話すなど、**何を伝えることが一番効果的かを考えましょう。**

― 自己紹介の目的 ―
- 新しい部署への配属時
- 新規プロジェクトチーム発足時
- 研修、イベント時
- 社外セミナー、異業種交流会　　など

第 **4** 章

ビジネスシーンの言葉

言葉づかい一つで、人や会社の印象は
大きく変わります。ビジネスの場では
適切な言葉を使うことで信頼度がアッ
プし、コミュニケーションもスムーズに
なります。この章では、正しい敬語の
使い方をシーン別にご紹介します。

☑ 敬語を使いこなすことは社会人の基本

敬語は、人間関係を円滑にするために必要なコミュニケーション技法の一つです。立場や年代、価値観の違う人たちが関わり合うビジネスの場で、**お互いに気持ちよく接するための表現**と言えるでしょう。相手と自分との間にきちんとした距離をおき、相手を敬う気持ちを表現する敬語を使うことで、社会人としての信頼度が高まります。**相手やシーンに合わせて、正しく使えるようにしておきましょう。**

敬語の種類

尊敬語

相手、相手方の人、話題の人の行為や状態などを高め、その人物を立てて敬意を表すときに使う言葉。

例）
「お客様がいらっしゃいました」
「伊藤先生のことはご存じですか？」

謙譲語

自分や身内側の人の行為や状態などをへりくだることで、間接的に相手を高める言葉。

例）
「それでは明日14時に伺います」
「こちらからご連絡差し上げましょうか？」

丁寧語

相手に物事を丁寧に伝えたり、改まった場で話をする場面などで使う言葉。

例）
「こちらが最新の資料です」
「弊社のパンフレットでございます」

尊敬語と謙譲語の型

尊敬語と謙譲語には、特別な言い方をするものと敬語に変化させる「型」に当てはめるものがあります。尊敬語と謙譲語を間違えずに使いましょう。

尊敬語の型

- **特別な言い方をするもの**
  言う→おっしゃる
  食べる→召し上がる

- **「お（ご）〜になる」にするもの**
  待つ→お待ちになる
  使用する→ご使用になる

- **「れる」「られる」をつけるもの**
  書く→書かれる
  受け→受けられる

謙譲語の型

- **特別な言い方をするもの**
  聞く→伺う
  会う→お目にかかる
  知る→存じる、存じ上げる
  読む→拝読する

- **「お（ご）〜する」「〜申し上げる」「〜いただく」にするもの**
  知らせる→お知らせする
  連絡する→ご連絡申し上げる
  紹介する→ご紹介させていただく

特別な言い方をする敬語の例

用語	丁寧語	尊敬語	謙譲語
言う	言います	おっしゃる	申す、申し上げる
見る	見ます	ご覧になる	拝見する
行く	行きます	いらっしゃる	伺う、参る
来る	来ます	いらっしゃる お越しになる お見えになる おいでになる	伺う、参る
いる	います	いらっしゃる	おる
する	します	なさる	いたす
食べる	食べます	召し上がる	いただく
聞く	聞きます	お聞きになる	伺う
受け取る	受け取ります	お受け取りになる	拝受する、いただく
会う	会います	お会いになる	お目にかかる

4-2 間違えやすい言葉

☑ 気をつけたい敬語の使い方

　丁寧な言い方をしようとするあまり敬語に敬語を重ねる「二重敬語」になってしまったり、尊敬語と謙譲語を組み合わせたりと、自分でも気づかずに間違った日本語を使っているかもしれません。日本語が正しく使えていないことで仕事そのものの信頼度を落としてしまうこともあります。**日頃使っている敬語表現に間違いはないかチェックしましょう。**

よくある二重敬語の例

おっしゃる（尊敬語の表現）
＋
れる・られる（尊敬語の表現）

✕ 明日の会議は何時からとおっしゃられましたか？

◯ 明日の会議は何時からとおっしゃいましたか？

お読みになる
＋
れる・られる

✕ こちらはもうお読みになられましたか

◯ こちらはもうお読みになりましたか

見る（尊敬語の表現）
＋
れる・られる

✕ 資料はご覧になられましたか？

◯ 資料はご覧になりましたか？

その他の間違った敬語の例

謙譲語 ＋ **尊敬語**

✕ **拝見される**
　　謙譲語　尊敬語

○ **ご覧になる**

- ✕ 資料は拝見されましたか
- ○ 資料はご覧になりましたか

✕ **申される**
　　謙譲語　└尊敬語

○ **おっしゃる**

- ✕ お客様が申されたとおり
- ○ お客様がおっしゃったとおり

✕ **伺われる**
　　謙譲語　└尊敬語

○ **お聞きになる**

- ✕ 開始時間はもう伺われましたか
- ○ 開始時間はもうお聞きになりましたか

✕ **参られる**
　　謙譲語　└尊敬語

○ **いらっしゃる**

- ✕ 何時に参られましたか
- ○ 何時にいらっしゃいましたか

☞ POINT

敬語の使い方の注意点

- 敬語表現を重ねると二重敬語という間違いとなり、丁寧な言い方にはならない
- 謙譲語に尊敬語の変化をつけても尊敬語としては使えない
- 「誰がすることか」によって、尊敬語と謙譲語を正しく判断する

☑ 不信感を与える避けるべき言葉

　自分の言葉の癖や声の出し方の癖に問題はないかを確認し、**ビジネスの場に合った言葉を使いましょう**。ビジネスの場ではふさわしくない言葉や、言葉そのものが間違った言葉を使ってしまうことで、周囲の方から不信感をもたれてしまうこともあります。また、単に言葉の使い方だけでなく、声の出し方でも悪い印象として伝わることもあります。

ありがちなNG言葉

〜ほう

方向方角、比較したり比較されたものを選ぶときに使います。それ以外は不要な「ほう」です。

○ 前のほうに 集まってください	✕ コピーのほう、 とってまいりました	→ コピーをとって まいりました
○ 大きいほうと小さいほう、 どちらになさいますか	✕ 時間のほう、 確認いたしました	→ 時間を確認 いたしました

〜になります

変化が伴うときや、「不本意とは思いますが」の気持ちを込めたいときに使います。

○ もうじき5年目になります	✕ こちらが 資料になります	→ こちらが資料で ございます
○ あいにくこちらは 禁煙フロアになります （喫煙している人に）	✕ お品物になります	→ お品物で ございます

～のかたち

実際の形をイメージできるものに使います。

○ レイアウトはコの字のかたちに
してください

✕ 明日の会議は
15時からというかたちで

よろしかったでしょうか

過去のことや事前に聞いたり知っていたり確信をもっていることの確認の場合に使います。

○ (すでに指示を受けた事柄の確認)
マイクは2本で
よろしかったでしょうか

✕ 今お時間をいただいても
よろしかったでしょうか → お時間をいただいても
よろしいでしょうか

○ (いつもブラックコーヒーを飲む人に)
コーヒーはブラックで
よろしかったでしょうか

✕ お電話番号を伺っても
よろしかったでしょうか → お電話番号を伺っても
よろしいでしょうか

ら抜き言葉

✕ 見れる → 見られる

✕ 食べれる → 食べられる

さ入れ言葉

✕ 歩かさせる → 歩かせる

✕ 飲まさせる → 飲ませる

その他にビジネスに
ふさわしくない言葉

✕ やばい　　✕ まじで

✕ ウケる　　✕ 超○○

✕ 自分的には　✕ 了解です

など

明日の会議のほう、
15時からというかたちで
よろしかったでしょうか

4-4　立場に応じた言葉づかい

✓ 言葉づかいが人間関係を左右する

　ビジネスシーンでは、相手を不快にしない、心配させない言葉づかいを心がけるようにしましょう。また、**相手に配慮した思いやりのある言葉を使うことで、人柄のよさや安心感、仕事に真摯に取り組んでいるという印象を与える**ことができます。言葉づかいは「心づかい」とも言われる理由がここにあります。同僚や後輩に対しても、日頃から敬語で話すくせをつけるといいでしょう。

気をつけたい言葉づかいのマナー

▶ 目上の人には失礼となる言葉に気をつける

「ご苦労さまでした」「お世話さまでした」は、いずれも目上の人が目下の人に使う労いの言葉です。目上の人には、**「お疲れさまでした」「お世話になりました」「ありがとうございました」**などの言葉を使うようにしましょう。

▶ 言葉づかいでビジネスのオンオフの区別をつける

気軽に話せる同僚や後輩とであっても、ニックネームで呼び合ったりビジネスの場ではふさわしくない**軽すぎる言葉で話すことはやめましょう**。馴れ合いと感じる言葉を聞いて、不快に思う人もいるかもしれません。

▶ 誰が「身内」かを考える

社外の方から見て身内といえば、自分の会社や所属するグループのこと。ある状況の中で、**誰が身内（ウチ）で誰が外部（ソト）となるかの判断ができれば**敬語の使い分けや敬称のつけ方を間違えることはないでしょう。

先日は弊社の田中が大変お世話になりました

間違えやすい言葉とフレーズ

上司・先輩に

✕ 来週って、A社とか行きます？
◯ 来週、A社にはいらっしゃいますか

> 社内でも軽すぎる言い回しは避けたほうがよい

✕ ただいまで〜す
◯ ただいま戻りました

> 砕けすぎた表現は印象が悪く映る

✕ 教えていただき、参考になりました
◯ 教えていただき、勉強になりました

> 教えていただいたことが「参考程度」というのは失礼な場合も

外部の人に

✕ 教えて差し上げましょうか
◯ よろしければご案内いたしましょうか

> 上から目線の偉そうな印象になってしまう

✕ 佐藤部長は出かけてます
◯ あいにく部長の佐藤は外出しております

> 外部に対しては、社内の人間は呼び捨てにする

✕ うちの製品も考えておいてもらえますか
◯ 弊社の製品もご検討いただけますと幸いです

> お願いする場合に、横柄な印象にならないように

☞ POINT

立場に応じた言葉づかいのポイント

- 「上から下」と感じさせるような相手を不快にする言葉は使わない
- 誰が身内（ウチ）で誰が外部（ソト）かを考えて敬語を使う
- ビジネスの場では同僚や後輩にも基本は敬語で話す

☑ クッション言葉+依頼形で好感度アップ

　自分の意向でないことをお願いされると、誰でも多少なりともストレスがかかるものです。このストレスを軽減するために効果的なのが、**表現を和らげるクッション言葉をつける**ことです。さらに、言葉の最後を、「～でしょうか？」などの疑問形（依頼形）にすることで、一方的でなく相手に判断を委ねた言い方となるため、言葉の印象もよくなり、依頼内容を受け入れてもらいやすくなります。

クッション言葉の使い方

クッション言葉

お願い（依頼形）　～でしょうか　～か？　　など

お願いするときの
クッション言葉の例

- 恐れ入りますが
- お手数をおかけいたしますが
- 失礼ですが
- ご面倒をおかけいたしますが
- よろしければ
- お差し支えなければ

日頃から挨拶をするなどコミュニケーションをよくしておき、誰かにお願いされたときには快く引き受けることで、自分のお願いを聞き入れてもらいやすくなります。お願いのときだけ丁寧になるということのないようにいつも協力的な姿勢でいることが大切です。

恐れ入りますが、
こちらの資料をご確認
いただけますか？

お願いするときの文例

恐れ入りますが
- こちらでお待ちいただけますでしょうか
- こちらの資料をご確認いただけますか
- 5分ほどお時間をいただけますでしょうか

失礼ですが
- お名前をお聞かせいただけますか
- 御社名を教えていただけますでしょうか

お手数をおかけいたしますが
- パンフレットをご郵送いただけますでしょうか
- 資料のご確認をお願いできますでしょうか
- 明日までにご連絡いただけますでしょうか

お差し支えなければ
- お電話番号を教えていただけますか
- こちらにご記入いただけますでしょうか

☞ POINT

お願いするときの言葉のポイント
- クッション言葉をつけて柔らかい表現にする
- 最後を疑問形（依頼形）にして相手に判断を委ねる言い方にする
- こちらの都合でのお願いの場合には、「ください」は使わない

断りの言葉

☑ 断るときもクッション言葉が活躍

　相手の要望を断らなければならないこともビジネスではたくさんあります。相手の気持ちを和らげ、お断りの内容を理解して了承をいただくためにも、言い方に工夫をしましょう。最初に「本当は断りたくない」というニュアンスの**クッション言葉から始め、肯定的な表現を使う**のがコツです。さらに、**「依頼内容はできないが、これなら可能」という代替案を提案**することで、お互いに納得のいく合意点が見つかるケースもあります。

断りの言葉の使い方

クッション言葉

＋

お断り
（できるだけ肯定形に）

＋

提案 またはお詫び

〜せん
→ 〜です、〜ます

例）
できません
→いたしかねます
わかりません
→わかりかねます

断るときのクッション言葉の例
- あいにく
- 申し訳ございませんが
- 残念ですが
- せっかくですが
- ご意向に沿えず恐縮ですが
- 心苦しいのですが

今回は都合が
つかないのですが、
またの機会にお声がけ
いただけると嬉しいです

　断る場合でも代替案を考える習慣をつけましょう。どうしても代替案がない場合は、**「ご要望に沿えず」「ご希望に沿えず」**などの言葉を添えて「誠に申し訳ございません」とお詫びを伝えます。さらに「また機会があればよろしくお願いいたします」など、次につながる言葉で締めくくりましょう。

断りの文例

あいにく ＋	提案の文例
私にはわかりかねます →	担当の者を呼んでまいりますので、少々お待ちいただけますでしょうか
在庫をきらしております →	明日には届きますので、よろしければお送りいたしましょうか
ただいま席を外しております →	よろしければ戻り次第、こちらからお電話いたしましょうか

申し訳ございませんが ＋	提案の文例
明日は他の予定が入っております →	来週でしたらいつでもお伺いできますが、ご都合はいかがでしょうか
資料がまだ届いていない状況でございます →	こちらに届き次第、すぐにお送りいたします
私だけでは判断いたしかねます →	上司と検討するお時間をいただけませんでしょうか

言葉では謝っていても、態度や声から謝罪の気持ちがまったく伝わらないということもあります。謝罪するときには、相手に「申し訳ない」という気持ちが伝わるような表情、態度、声を使いましょう。特に電話の場合は姿が見えないので、声だけで申し訳なさを伝えることが必要です。

☞ POINT

断るときの言葉のポイント

- クッション言葉を加える
- 否定形より肯定形を使う
- できるだけご要望の代替案を提案する

4-7 お詫びの言葉

✅ 謝罪したあとに対応策を提示する

　仕事をしていると、自分の思い違いやちょっとした油断からミスが生じることがあります。**ミスが発覚した時点で、できるだけ早く上司に報告**します。このときに重要なのは、あわてずに落ち着いて素直に謝罪すること。そしてただ謝るだけではなく、**ミスの内容と今後の対応案を具体的に説明する**ようにしましょう。謝罪はシビアな場面だからこそ、言葉選びには注意が必要です。

お詫びするときの注意点

▶ 言い訳せずに謝罪する

自分がミスしたとわかったら**すぐに上司に謝罪と報告をします**。動揺していてもはっきりと謝罪の言葉を言いましょう。

▶ 対応案を提示する

事実や原因を伝えたあと、**「〜のように対応しようと考えておりますが、いかがでしょうか」**など、自分なりに考えた具体的な対応案を提示しましょう。

▶ 見た目や態度に配慮する

対面の場合は、お詫びの気持ちが伝わるような表情に加え、**姿勢やお辞儀の仕方からも反省の度合いが伝わります**。

▶ ミスの原因を明確にする

なぜミスが起きたのか、**事実とその原因を結論優先で簡潔に伝えましょう**。事実や原因をあいまいにしてはいけません。

▶ 反省の言葉+今後の心構え

最後に再度**「二度とこのようなことのないよう注意いたします。このたびは申し訳ございませんでした」**と謝罪の言葉を伝えます。

▶ 発声の仕方に気をつける

たとえばクレーム電話を受けたときなどは声の印象が頼りなので、**謝罪の気持ちが伝わるような発声が必要です**。

お詫びの文例

✕ ごめんなさい
◯ 誠に申し訳ございませんでした

> ビジネスにふさわしい
> 言葉で謝罪する

✕ これからは気をつけようと思います
◯ 二度とこのようなことのないよう注意いたします

> 同じミスを繰り返さない
> 意思をしっかり伝える

✕ 勘違いしていたかもしれません
◯ 私の思い違いでした

> 自分の行動を
> 曖昧にする表現はNG

✕ そういうつもりではなかったのですが
◯ ご指摘のとおりでございます

> 事実を指摘されたときは
> きちんと回答する

✕ うっかり忘れていました
◯ 失念しておりました

> 忘れていた事実を
> 丁寧な言葉で伝える

✕ 私のせいだと思います
◯ 私の不手際でございます

> 自分の非を認めるときに
> 使う

☞ POINT

お詫びをするときの言葉のポイント

- ミスが発覚したらすぐに上司に謝罪と報告を
- 謝罪の言葉は誠意を込めてはっきり伝える
- 事実や原因を明確に伝え、できれば対応策も提示する

ビジネスでよく使う名詞と言葉

ビジネスでよく使う名詞

通常表現	ビジネス表現
自分	私（わたし・わたくし）
相手の会社	御社、貴社 ※文書内で
自分の会社	弊社、当社、私（わたくし）ども
きのう、今日、あした	昨日（さくじつ）、本日（ほんじつ）、明日（みょうにち）
こっち、あっち、そっち、どっち	こちら、あちら、そちら、どちら
ちょっと	少々
今度	このたび
もうすぐ	間もなく

ビジネスでよく使う言葉

普段使う言葉	ビジネスシーンで使う言葉
わかりました	かしこまりました／承知しました／承りました
どうですか	いかがでしょうか
そうですか	さようでございますか
いいですか	よろしいでしょうか
できません	いたしかねます
言っておきます	申し伝えます
ごめんなさい	申し訳ございません／大変失礼いたしました／心よりお詫び申し上げます
すぐ行きます	ただいま参ります

第 **5** 章

電話応対の
マナー

きちんとした電話応対ができると、会社
のイメージもよくなります。電話は顔の
見えないコミュニケーションです。そ
のため、適切な言葉づかいと声の出し
方も意識しながら、どのような内容で
も冷静かつ感じよく応対できるスキル
を身につけましょう。

5-1 電話応対の基本

✓ 電話の印象が会社の印象に

　電話の印象＝会社の印象そのものです。電話の印象がいいと、「感じのよい人」と思われるとともに「感じのよい会社」とも思ってもらうことができます。顔の見えないコミュニケーションのため、**声の出し方や言葉の使い方に配慮しながら、一本一本の電話応対を大切にしましょう。**

感じのよい第一声で出る
声のトーンを少し高めに、ゆっくりはっきりと、笑顔が伝わるような明るい第一声で出ます。

迅速かつ正確に
電話は相手の時間を急に奪うもの。丁寧さを意識しつつ、できるだけ簡潔かつ正確に話を進めましょう。

復唱確認とメモは必須
情報の聞き違いがないように、電話では復唱確認をしっかり行いましょう。復唱と同時に必ずメモもとるようにします。

電話の受け方

① 3コール以内に出る

電話が鳴ったら、**3コール以内にとります**。4コール以上鳴らしてしまった場合は、「大変お待たせいたしました」のひと言を添えます。

② 名乗る

「はい、〇〇会社、△△課、□□（名前）でございます」と名乗るのが一般的。「もしもし」とは言いません。会社によっては、第一声を「お電話ありがとうございます」と決めているところもあります。

③ 相手の会社名と名前を復唱し、挨拶言葉を加える

「〇〇会社の佐藤様でいらっしゃいますね」と、**丁寧に復唱しながらメモをとります**。「いつもお世話になっております」という挨拶言葉も加えます。

> 相手の名前の復唱は、「ございますね」ではなく「いらっしゃいますね」を使います

④ 用件を聞き、復唱する

あいづちを打ちながら、**5W3H（→P21）を意識して必要な情報を聞きます**。必ず復唱確認もしましょう。

> 「明日の会議が14時から15時に変更になったということですね」など、時間や数字は具体的に復唱します

⑤ 名乗る

責任の所在を明らかにするために、再度名乗ります。

> 「私、鈴木が承りました」など、自分の名前を名乗ります

⑥ 挨拶し、丁寧に切る

内容に合わせた挨拶をします。**相手が切ったことを確認してから静かに受話器を置きます。**

取り次ぎ

担当者の確認

 鈴木（名指し人の名前）でございますね。少々お待ちいただけますでしょうか。

> 自社の社員には名前に様、さん（敬称）はつけません

担当者が電話に出られないとき

担当者が離席中

 お待たせいたしました。申し訳ございません。あいにく鈴木は席を外しております。戻り次第こちらからお電話いたしましょうか？

担当者が電話中

 お待たせいたしました。申し訳ございません。あいにく鈴木はほかの電話に出ております。終わり次第こちらからお電話いたしましょうか？

担当者が外出中

 お待たせいたしました。申し訳ございません。あいにく鈴木は外出しております。14時には戻る予定ですので、戻り次第こちらからお電話いたしましょうか？

伝言を承るとき

 はい、お願いいたします

 かしこまりました。恐れ入りますが、念のためお電話番号を教えていただけますでしょうか？

 はい、00-0000-0000、□□会社の佐藤です。

 復唱させていただきます。00-0000-0000、□□会社の佐藤様でいらっしゃいますね。鈴木に申し伝えます。私、田中が承りました。

 ありがとうございます。よろしくお願いいたします。

 かしこまりました。失礼いたします。

☞ POINT

電話の取り次ぎのポイント

- 近くにいる人に取り次ぐ場合でも、保留ボタンを必ず押す
- 保留時間はできるだけ短く。30秒以上お待たせしそうな場合は、いったん保留を解除し、このままお待ちいただけるかこちらからかけ直すかを確認する
- 保留解除の後は「お待たせいたしました」のひと言を
- 担当者が電話に出られない場合は、理由を伝え、こちらからかけ直す提案をする

電話のかけ方

 私、△△社の田中と申します。
いつもお世話になっております。

> 男性女性問わず「わたくし」、名乗る際には謙譲語「申します」を使います

 恐れ入りますが、
営業部の佐藤様は
いらっしゃいますでしょうか?

> お願いなので、「**クッション言葉＋依頼形**」(→P62) を使います。担当者につながったら再度名乗り、話す時間をいただけるかを確認します

担当者が電話に出たとき

 △△社の田中と申します。
いつもお世話になっております。
○○について確認したいことが
あるのですが、
今お時間よろしいでしょうか?

> 電話をかける前に、話す内容や順番、確認事項などをまとめておくと、わかりやすく簡潔に話を伝えることができます

 お忙しいところ
ありがとうございました。
失礼いたします。

> 用件を話し終わったら、丁寧に電話を切ります。受話器を置くときは少し待って、指でフックを静かに押さえてから切ります。電話はかけた側から切るのが基本ですが、相手がお客様や目上の方の場合は先方が切るのを待ちましょう

☞ POINT

電話のかけ方のポイント

- 第一声から、明るい声でハキハキと話す
- 担当者につないでほしいときは「クッション言葉＋依頼形」を使う
- 相手から時間をいただいていることを意識して、用件は簡潔にまとめる
- 話し終わっても受話器をガチャンと置かない

5-2 携帯電話のマナー

✅ かける場所と状況に気をつける

　ビジネスシーンで携帯電話を使うことも多くなってきました。自分の席から離れていても電話を受けられるメリットから、一人１台携帯電話を貸与する会社もあります。しかし、使い方によっては外での会話から会社の情報が漏れたり、相手を不快にさせる危険もあります。便利なツールですので、**しなければいけないこと、してはいけないことを理解し、ビジネスの場での携帯電話のマナーをしっかり守って、**スマートな社会人を目指しましょう。

外出先で携帯電話を使うときの注意点

電波状態が悪い場所や騒音の多い場所ではかけない

電波状態の悪さから聞こえにくかったり突然切れたりすることで、**相手に大きなストレスを与えてしまうこともあります。**また、「本当に仕事をしているのだろうか」と疑われてしまうような音がする場所では使わないようにしましょう。

携帯電話での会話もメモをとる

携帯電話で話していたとしても**ビジネスの電話はメモをとることは必須。**すぐにメモできるようにバッグの定位置や胸ポケットなど取り出しやすい場所にメモを準備しておきましょう。

会話の内容には十分気をつける

社外では基本的には機密情報は話さないようにしましょう。外で企業秘密に関わるプロジェクトや取引先情報、金銭に関わる内容を話して情報が漏れることで、会社が大きな不利益を被ることもあります。

覚えておきたい携帯電話のマナー

▶ 相手の携帯電話にかけるとき

緊急時以外は就業時間外の携帯電話への連絡は避けます。また、相手が電話に出たとしても、急いでいる場合や話しにくい環境のこともあるので、用件に入る前に相手の都合を確認しましょう。

▶ まずは固定電話に連絡を

いきなり携帯電話にかけるより、**まずは会社の固定電話に連絡をしましょう。**自席にいないということは外での予定があるということ。着信音が鳴ってしまって、相手に迷惑をかけることもあります。

▶ 留守番電話になったときは

相手が留守番電話になった場合は、自分の会社名、名前を名乗り、**「またこちらからご連絡いたします」**という程度のメッセージは残すようにします。

▶ 会議中に携帯電話にかかってきたら

会議や打ち合わせ中はサイレントモードにして、音が鳴らない状態にしておきましょう。急ぎや重要な連絡が入るとわかっている場合は、事前に周りにひと言伝え、席を外してから話しましょう。

▶ 状況によってかけ直す判断を

電波状態が悪い場所や移動中の場合は、「これから電車に乗るところですので、20分後にお電話してもよろしいでしょうか」などと断り、**いったん切ってからかけ直します。**また、相手の電話料金負担を配慮し、かけ直すこともあります。

☞ POINT

携帯電話を使うときの注意点

- 携帯電話で話してよい場所か、内容かを考える
- 電波状態や騒音に気をつける
- 携帯電話での話も必ずメモをとる
- 携帯電話にかけてよい時間かを考える
- 会社支給の携帯電話をプライベートで使わない

会議中に携帯電話を触ってもOK？

たとえば会議中に携帯電話を触っていると、会議以外のことをしていると思われる可能性もあります。発言者が自分の話を聞いていないと不快に思うこともあるので気をつけましょう。

5-3 クレーム電話の対処

✓ 声の印象に気をつけて冷静に対応する

電話の内容がクレームだった場合は、特に**言葉づかいや声の出し方に気をつけ、誠意が感じられる対応**をします。最初に電話に出た人が適切な対応をすることで、相手の気持ちも落ち着き、お互い冷静に話を進めることもできます。**相手の気持ちに寄り添いながら話をしっかり聴き、真摯な姿勢を伝えましょう。**

クレーム電話を受けたとき

まずは謝罪する ➡ **相手の気持ちを受け止めた上で、事実確認を行う**

どちらのミスかはっきりしない段階でも、まずは**不快な思いをさせてしまったことや電話をかけるという手間をかけてしまったことへの謝罪の言葉**を伝えます。全面謝罪ではなく部分謝罪にするのがポイント。

相手の不満や怒りをしっかり聴きます。ある程度時間がかかることは覚悟します。そして、**クレーム内容、現在の状況、いつどこで誰が、などの事実確認**をした上で対処方法を検討します。

☞ POINT

クレーム電話を受けたときの注意点

- クレーム電話は特に言葉づかいと声の出し方に気をつける
- 自分のミスやクレームでなくても謝る
- 具体的な対応策を提案する前に、相手の話をしっかり聴く
- 必ずメモをとり、記録に残す

クレーム電話対処の流れ

① 謝る

こちらに完全に非がある場合は、**具体的内容について謝罪を伝えます**。どちらに非があるかわからない場合やこちらに非がない場合は、**不快にさせてしまった気持ちに対して謝罪します**。

例)こちらに非がある場合
「〇〇の件で、大変ご迷惑をおかけしており、誠に申し訳ございません」

どちらに非があるかまだわからない、またはこちらに非がない場合
「ご不快な思いをさせてしまい、誠に申し訳ございません」

② 聴く

相手の話を途中で遮らず、最後まで聴きます。時折あいづちを打ちながら、**相手の言い分をじっくり聴きます**。必ずメモをとり、言われたことを記録に残しましょう。

③ 事実確認をする

クレーム内容やその原因、過程、相手の要望などを、**5W3H**(→P21)も使いながら情報を引き出します。その内容に基づき、記録や現場を見たり直接の担当者に確認するなどの事実確認を行います。

④ 具体的な対処方法を提案する

直接の担当者や上司と**具体的な対処方法を検討します**。誰が、いつまでに、どのように、など具体的に提案します。一度電話を切っている場合は、**対処方法が決まったら速やかに連絡をしましょう**。

⑤ お詫びと感謝の気持ちを伝える

再度お詫びし、さらにクレームを伝えてくださったことが自社の改善行動につながるという**感謝の気持ちを伝えます**。

例)「このたびはご迷惑をおかけしましたこと、心よりお詫び申し上げます」
「今後、二度とこのようなことがないように、社員一同十分注意いたします」
「貴重なご意見をいただきまして、誠にありがとうございました」

電話で使えるフレーズ集

➡ 相手の声が聴こえにくいとき

> 申し訳ございません。少々お電話が遠いようですが

➡ 相手が名乗らないとき

> 恐れ入りますが、お名前を教えていただけますでしょうか

➡ 後でこちらから電話をかけ直すとき

> 後ほど、こちらから改めてお電話してもよろしいでしょうか

➡ 間違い電話を受けたとき

> こちらは、○○会社でございます。失礼ですが、何番におかけでしょうか

➡ 社外の人の携帯電話にかけるとき

> 携帯電話にお電話してしまい、申し訳ございません。
> ○○の確認で、少々お時間いただいてもよろしいでしょうか

➡ 名指し人が遅刻でまだ出勤していないとき（30分以内に到着予定）

> 申し訳ございません。○○はあいにく席を外しております

➡ 名指し人が遅刻でまだ出勤していないとき（30分以上遅刻しそうなとき）

> 申し訳ございません。○○は本日立ち寄りがございまして
> 11時頃（到着予定時間）に出勤予定です。お急ぎでいらっしゃいますか

➡ 名指しされた名前の人が複数いるとき

> 私どもには田中は二人おりますが、
> 男性と女性、どちらの田中でしょうか

POINT

役職、性別、フルネームなどで判断できるように聞き方が決められていることが多いです

➡ 携帯電話の番号を聞かれたとき

> それでは○○にこちらから連絡を取り、
> □□様にお電話差し上げるよう申し伝えます

POINT

個人の携帯電話の番号は基本的には教えてはいけません。

第6章

来客応対の
マナー

職場には日々さまざまな人が訪れます。
受付からご案内、お見送りなど、"会社
の顔"として恥ずかしくないように、丁
寧な立ち居振る舞いや応対フレーズな
ど来客応対のマナーをしっかり身につ
けておくことが大切です。

6-1 来客応対の基本

☑️ 来客応対者は会社の顔

　社外の方が訪問されたら、自分が会社の顔になるという自覚をもち、積極的に感じよく応対することが大切です。お客様が見えたらすぐに席を立ち、「いらっしゃいませ」「こんにちは」などと笑顔で声をかけます。**普段から身だしなみを整えておくのはもちろん、姿勢や動作にも気をつけて、会社のイメージアップを目指しましょう。**

来客応対の仕方

▶ 手のひらを見せて案内する
方向を示すときには指をそろえて手のひらを見せます。お客様に安心感を持っていただくために、案内するときは表情や立ち居振る舞いも大切。

▶ お客様には積極的に声をかける
受付周辺で困っているお客様がいらしたら、自分のお客様でなくても笑顔で明るく「いらっしゃいませ」と積極的に声をかけます。

▶ すべてのお客様に平等な対応を
会社を訪れてくれた人は全員「お客様」であるという認識をもちましょう。対応に差をつけるのはNGです。

受付時の応対

アポイントがある場合	アポイントがない場合

 ○○会社の佐藤様で いらっしゃいますね。 お待ちしておりました

 ただいま確認して まいりますので、 こちらで少々お待 ちいただけますか

速やかに名指し人にアポイントのある お客様がいらっしゃったことを伝えま す。自分がお客様を応接室まで案内す る必要があるか、ロビースペースで待機 していただくかなど、名指し人から指示 があればその指示に従います。

名指し人がいるかいないかを言っては いけません。お客様にはお待ちいただ き、名指し人に意向を確認します。名指 し人が会わない意向の場合、どのように お伝えすればよいかも確認します。

応接室にご案内いたしますので こちらへどうぞ

申し訳ございません。 あいにく鈴木は外出しております。 よろしければ、何かご伝言などを お預かりいたしましょうか

お客様を応接室までご案内する。

➡P82へ

伝言があれば預かり、不在であったこと を謝罪し見送る。 ➡P85へ

☞ POINT

受付時の応対のポイント

- お客様が見えたらできるだけ早く立ち上がり応対する
- 笑顔を向け、きびきびと動く
- アポイントメントがないお客様の場合は、名指し人が会わない可能性も考えて 応対する。お待ちいただき、名指し人の意向を確認すること

① お客様の2～3歩前を歩く

応接室や会議室へお客様をご案内するときには、通路の中央をお客様に歩いていただけるよう、**自分はお客様の2～3歩前の端**を歩きます。

② ドアをノックする

お客様を応接室の前までご案内したら、中に人がいないかノックして確認します。中に入ったら、**お客様を上座（→P90）へご案内しましょう。**

③ 担当者が来ることを伝える

「**まもなく田中（名指し人）が参ります。少々お待ちくださいませ**」と言いながらお客様に一礼し、担当者を呼びに行きます。

エレベーターの立ち位置

エレベーターの**ボタン操作は案内者の仕事**です。エレベーターの中は、操作盤の前が下座なので案内者は操作盤の前に立ちます。出入り口から奥が上座です。

▶ 乗り降りはお客様を先に

エレベーターの乗り降りの基本はお客様優先です。ただし、案内する人数が多い場合は先に案内者が乗り、全員が中に入るまで片手で「開」ボタンを、反対の手で軽くドアを押さえます。

▶ お客様には背を向けない

エレベーターの操作盤の前に立ったときに、できるだけ**お客様には背を向けない**ように配慮します。

☞ **POINT**

ご案内のポイント

- 通路を歩く際は端によりお客様に中央を歩いていただく
- 案内途中で歩く速さに問題はないか、適宜確認する
- エレベーターの乗り降りは基本はお客様優先
- 常に笑顔で安心感を与える

お茶の出し方

お盆に茶たくとお茶を入れた茶碗をのせます。こぼれてしまったときのために、ふきんも用意します。お盆の大きさやお出しする数により、茶碗と茶たくを別々にしておき、部屋の中でセットしてお出しすることもあります。

出し方の流れ

① ドアをノックする

せっかく入れたお茶をこぼさないように気をつけながらノックします。**会釈または「失礼いたします」**とひと声かけて部屋に入り、静かにドアを閉めます。

② 茶たくに茶碗をセット

サイドテーブルがあればサイドテーブルで茶碗と茶たくをセットします。サイドテーブルがない場合は、下座側のテーブルの隅を使うかお盆を持ちながら片手でセットします。

③ お茶を出す

上座のお客様からお出しするのが鉄則です。自社の社員はあとにします。茶碗の柄がお客様の正面に来るように置きましょう。部屋の中の移動はお客様の後ろを通らず、自社側の席の後ろを通るようにします。

④ 退室

お茶を出し終えたら、お盆を脇に持ち、静かに扉まで移動して**お客様に一礼してから退出**します。扉が閉まるときに大きな音が出ないよう、ドアノブを丁寧に扱います。

お見送りの仕方

お客様をどこまで見送るかは、相手との関係や来社いただいた理由などによって変わることがあります。玄関よりも前で見送る場合は、「こちらで失礼いたします」と加えて挨拶の言葉を言いましょう。**どこで見送るにしても、お客様の姿が見えなくなるまで**というのが基本です。

本日は
ありがとうございました

▶ アイコンタクトをとる

玄関やエレベーターなど場所にかかわらず、**お客様の目を見て笑顔で丁寧に**見送りましょう。アイコンタクトをとることで、「自分のことを最後まで気にかけてくれている」という印象になります。

▶ 邪魔にならない場所で見送る

受付やロビーは、ほかのお客様が出入りする場所でもあります。その方々の邪魔にならないように、**出入り口の端に立って見送る**など、周囲への配慮も忘れないようにしましょう。

自社の出入り口

ドアの手前で一礼します。ガラス張りドアの場合はお客様の姿が見えなくなるまで待機し、目が合ったら再度見えなくなるまでお辞儀をします。

エレベーター前

お客様の少し先を歩いてエレベーターのボタンを押して待ちます。お客様がエレベーターに乗ったら改めて挨拶し、閉まるまで頭を下げます。

車の前

お客様が車に完全に乗ったところで改めて挨拶します。車が動き始めたらお辞儀をし、見えなくなるまで頭を下げたままにします。

☑ 名刺は自分の分身、相手の分身という認識を

　ビジネスシーンで初対面の人とまず行うのが名刺交換です。この名刺は「分身である」という認識をもちましょう。**相手の名刺は相手の分身**なので、相手そのものを丁重に扱っているという表現として、**名刺交換の際の名刺の位置に配慮したり、名刺入れの出し入れも丁寧に行う**ことが大切です。また、第一印象に関わる場面なので、正しい名刺交換の仕方に加え、表情や発声にも注意しましょう。

名刺交換のマナー

▶ 名刺入れは必ず持つ

名刺入れは必ず用意しましょう。財布や定期入れを名刺入れ代わりにするのはNGです。自分の名刺と同様、相手の分身を納めるものだからです。

▶ 名刺のロゴや　文字には指をかけない

名刺に書かれてある情報には指をかけないようにします。何も書かれていない部分を持ってやり取りを行います。

▶ 目下から先に出す

目下から、または訪問側から先に名乗るのがルールです。タイミングが悪く、目上の方が先に名刺を渡してくださった場合、まずは受け取ってから、「申し遅れました。わたくし〜」と続けます。

▶ 障害物をはさまず　立って渡すのが原則

お互いに立った状態で、相手と自分の間には何もない状態の場所で名刺交換をします。**両手で胸の高さで自分の名刺を持ち**、相手に文字を向けて社名と名前を名乗りながら笑顔で差し出しましょう。

▶ ウエストの位置から下げない

相手の名刺をウエストより下げないように。ウエストより下は、大事なものではないという表現になります。

名刺の受け渡し

① 名刺を持ち、
相手の正面に立つ

名刺入れから名刺を取り出し、**文字を相手に向けて名刺入れの上に置きます**。名刺交換する相手と自分の間に障害物のないところで、相手の正面に立ちます。

わたくし、〇〇会社、
営業部の鈴木太郎と
申します

② 名乗る

訪問した側または目下の人から先に名乗ります。アイコンタクトを取りながら「わたくし、〇〇会社、△△部の□□□□と申します。どうぞよろしくお願いいたします」などとハキハキと名乗りましょう。

③ 名刺を差し出す

名刺を両手で持ち、相手の胸元あたりに差し出します。**相手の名刺も自分の名刺もロゴや文字に指をかけないように**。

④ 名刺を受け取る

相手の名刺は「頂戴いたします」と言いながら軽く一礼し、**両手で胸の位置で受け取ります**。

同時交換

実際の場面では、スピードを優先させ同時交換で行うことがほとんどです。同時交換は、まずはお互いが自分の名刺を両手で持ったまま名乗り合います。このとき先に名乗るのは訪問側または目下の人からです。両者が名乗り終えてから、右手で名刺を差し出しながら、同時に相手の名刺を左手の名刺入れの上で受け取ります。

複数での名刺交換

名刺交換は訪問側または目下からという順番がありますが、混乱しがちなのが複数での名刺交換。お互い上司と部下など複数で名刺交換をする場合は、**「役職の高い順」に名刺交換を始めます。** 上司より先に自分が名乗ることのないように注意しましょう。

① 上司同士が交換する

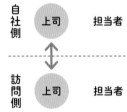

② 役職の高い順に交換する

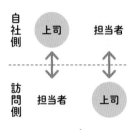

訪問側が、次に名刺交換する
相手の前に移動し、
両者同時に交換します

③ 部下同士が交換する

名刺管理

その日のうちに整理する

いただいた名刺は名刺入れに入れっぱなしにしないよう、その日の内に整理します。職種別、あいうえお順など自分がわかりやすいルールで仕分けをするといいでしょう。

データ化して保管する

名刺ボックスや名刺ファイルを使うことが多いのですが、最近は名刺をスキャンしてデータ保存して共有する方法もあります。職場のルールに従って保存しましょう。

相手のことを記録する

名刺交換した日付や用件、さらに相手の趣味など話題に上がったことなどを名詞の裏などに消せる筆記具で記録しておくと次に会ったときの話のきっかけになります。

· COLUMN ·

⚠ 名刺の取り扱い

名刺のしまい方

打合わせが終わり、相手の名刺を名刺入れにしまうときも文字情報に指をかけないなどのルールを守り、名刺に頭を下げるようにして丁寧に納めます。立ち話のみの場合は、相手の名前を覚えたらすぐに名刺入れにしまっても構いません。

相手の名刺は汚さない

いただいた名刺に相手の目の前で情報を書き込まないようにします。話の流れで携帯番号などを伝えられることもあり、つい名刺に書きたくなってしまいますが、相手そのものである名刺を汚すことになり大変失礼な行為にあたります。ただし、自分の席に戻り名刺管理の段階に入ったら書き込んでも構いません。

名刺をきらしてしまったら

想像以上に名刺交換相手が多く、途中で名刺をきらしてしまったら「申し訳ございません。名刺をきらしてしまいましたので、追ってお送りさせていただいてもよろしいでしょうか」などとお詫びの言葉を伝え、相手の名刺をいただきます。

名刺の置き方

打合せなどが続く場合は、すぐにはしまわず打合せの間は名刺入れの上に置いて机に置きます。名刺が複数ある場合は、座席の順に机に並べます。

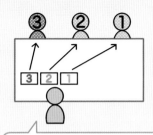

名刺は目の前の並び順に
自分の左側に置きます。
バラバラに置かないように注意！

名刺は落とさない

名刺を落とさないよう十分注意します。名刺交換のときや机の上に置いたときに、何かのはずみで床に落とすことなどないよう気をつけましょう。特に机の上に資料を多く広げなければいけないときは、落とさないよう打合せ途中でも名刺入れにしまう場合もあります。

✅ お客様は必ず上座へご案内する

　ビジネスシーンにおいて、上座・下座の概念はとても重要です。**お客様は入り口から最も遠い上座の席へ、自社の社員は下座に座るようにしましょう。**ただし、眺めのよさなど、その部屋のレイアウトによって上座と下座が変わることがあるので注意が必要です。和室の場合は、床の間に最も近い位置が上座です。席次を覚えておくことで、お客様をスムーズにご案内できるようになります。

応接室の席次

入り口から遠い席が上座です。長いソファのほうがセパレートタイプのソファより格が上なので、入り口から遠い方に配置されているはずです。**ドアから近い下座側の奥は上司、自分は入り口側に座るようにしましょう。**ただし、窓からの景色が素晴らしくお客様に見ていただきたいような場合は、来客側と自社側が変わることもあります。

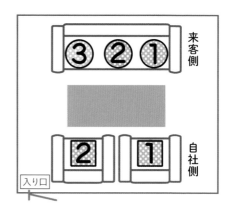

会議室の場合

　最近ではパーテーションで区切られた来客用会議テーブルを設置している企業が増えてきました。この場合も、入り口から遠い席が上座です。入り口から近い側が下座となり自社の社員が座ります。

👉 POINT

応接室と会議室の席次の注意点

- 基本は、入り口から遠い席が上座
- 窓からの景色などにより、
  上座と下座が変わることもある

乗り物の席次

自家用車

持ち主が運転する乗用車の場合、助手席が上座、次に後部座席の運転手の後ろ、反対のドア側、中央という順番となります。

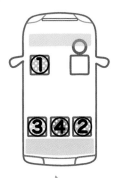

自社の車でもお客様の車でも、持ち主の大切な車を使わせていただくという気持ちでドアの開け閉めなども丁寧に行いましょう

タクシー

ハイヤーやタクシーなど専門の運転手がいる場合は、運転手の後ろの席が上座になります。助手席が下座になるので気をつけましょう。

年配の方や着物の人など、奥に行きにくい方がいらっしゃる場合は、「手前のほうがよろしいでしょうか」と声をかけることもあります

◦ COLUMN ◦

お客様に上座に座っていただくことの重要性

お客様を案内する場合は、必ず上座におかけいただくまで見届けましょう。訪問側は、案内者から上座の指定がなければ、立っているか下座で待つというマナーがあります。もし、自社側の担当者が入ってきたときにお客様が下座におかけになっていたら、驚き恐縮してしまうでしょう。そのために、言うべき交渉内容を言いにくくなったり、申し訳ない気持ちから話の内容に集中できないという可能性まで考えられます。

· COLUMN ·

覚えておきたい来客応対フレーズ集

➡ **部屋へ案内するとき**

> 応接室にご案内いたします。
> こちらへどうぞ

POINT

どちらにご案内するかもお伝えします。
「こちらへどうぞ」の言葉とあわせて、向
かう方向を手のひらで示します

➡ **お客様の荷物が大きかったり、
量が多いとき**

> よろしければ、お荷物を
> お持ちいたしましょうか

POINT

お客様の負担ができるだけ少なくなるよ
う配慮しましょう

➡ **段差がある場合**

> こちらに段差がございますので、
> お気をつけください

POINT

足元に危険があると思われる場所では、
ひと言声をかけます

➡ **上座に座っていただくとき**

> こちらにおかけください

POINT

上座を手のひらで指し示し、しっかり上
座に座られるところまで確認します。お
客様が下座に座らないように配慮します

➡ **担当者が予定より遅れる場合**

> 申し訳ございません。田中は前の予定
> が延びておりまして、あと10分ほどお
> 待ちいただけませんでしょうか

POINT

約束の時間より担当者が遅れることがわ
かったら、訪問者にお詫びし、予定時間を
伝えます

➡ **お客様がコートを着ないまま
退出しようとした場合**

> どうぞこちらで
> コートをお召しください

POINT

お客様は建物の外に出てからコートを着
るというマナーがありますが、それでは寒
いので配慮として室内で着用するよう声
をかけます

第 7 章

訪問時のマナー

他社を訪問するときにも守るべきマナーがあります。取引先との良好な関係を築くため、前もって準備しておくべきことや、訪問中に注意すべきこと、会社に戻ってからすべきことをしっかり頭に入れておきましょう。

7-1 訪問時の基本

✅ 事前の準備とリサーチを念入りに

　訪問するということは、**相手から貴重な時間をいただくことでもあります。** 無駄な時間のないように、話の進め方を考え、使う資料の準備をしっかりしておきましょう。話の内容によってはパソコンやタブレットを持参して、画面を一緒に見ていただくほうが理解を促しやすいこともあります。また、公式サイトで訪問先企業の最新ニュースや商品サービスなどの情報を確認しておきましょう。**身だしなみを整え、約束の時間に遅れないよう余裕をもった行動をします。**

アポイントのとり方

①　担当者につないでもらう

まずは電話で会社名、所属名、氏名などを伝え、担当者に電話をつないでもらいます。担当者が不在の場合は、戻り時間を聞いてかけ直しましょう。

②　目的を告げる

どのような目的で相手に会いたいのかを具体的に、明確に伝えます。 内容が曖昧になったり、自信がなさそうな印象にならないようにハキハキと話します。

③　日時と場所を決める

実際に訪問する日時を約束します。相手の都合を聞いて、**候補日を複数あげてもらう**と、調整しやすくなります。日時などが決まったらお礼を伝えてから電話を切ります。

④　リマインドメールを送る

約束の前日に、リマインドメール（再確認メール）を送ると丁寧な印象になります。

訪問前にするべきこと

▶ 情報の確認をする

前回の打合せでどこまで進んでいるか、確認事項は何か、先に伝えるべきお礼や謝罪はないかなどを確認しておきます。また、訪問先の企業の公式サイトで最新の情報をチェックしておくと、打合せ本題の前の話のきっかけになり話がスムーズに進められるなど、メリットもあります。

▶ 約束の10分前には着く

ビジネスシーンでは時間厳守がマナー。**5〜10分前には先方に到着するようにしましょう。**携帯電話は電源を切るかサイレントモードにして、音がまったく出ない状態にしておきます。

☑ CHECK
□ 交通情報をチェックする
□ 路線情報などで
　一番近いルートを確認する
□ 20分前には訪問先近くで待機

▶ 忘れ物がないか　チェック

説明に使う資料は人数分あるか、パソコンやタブレットを持参する必要があるか、名刺は十分な枚数があるかなどをしっかり確認しましょう。

☑ CHECK
□ 名刺入れ
□ 書類や資料
□ 筆記用具
□ 携帯電話

携帯電話は
音が出ない
ように

☞ POINT

訪問先に遅れそうになったら

電車の遅延などで、やむを得ず遅れそうになったら、相手先に電話で連絡し、何分後に着けそうなのかを伝えます。無断で遅れるのはマナーに反するので、遅れるとわかった時点で必ず連絡しましょう。

訪問時のマナー

①　建物に入る前に防寒具を脱ぐ

コートやマフラー、手袋などは建物に入る前に入り口で脱ぎ、コートは裏返しにして腕にかけ、小物類はバッグにしまいましょう。

②　取り次ぎを依頼する

受付に着いたら挨拶し、自分の会社名と名前を名乗ります。担当者の部署、名前、約束の有無を伝えます。

③　下座で待つ

応接室や会議室に案内されたら、**入り口近くの下座で待ちます。**案内人に「どうぞおかけください」と言われたら、担当者が入ってきたらすぐに立ち上がれるように浅く腰掛けて待ちます。バッグは床に置くのがマナー。

④　名刺入れや書類を準備

担当者が入ってきたらすぐに立ち上がり、身体全体を向けて挨拶します。名刺交換がスムーズにできるよう準備しておきましょう。

営業部の佐藤様に11時にお約束をいただいております。お取り次ぎをお願いできますでしょうか

☞ POINT

アポイントがない訪問の注意点

営業職で新規開拓の場合は、アポイントなしで訪問することもあります。受付で訪問を断られることも多いものですが、あくまでも丁寧に、担当者に名刺を渡してもらうようにお願いするとよいでしょう。図々しい、自分勝手などの悪い印象が残らないよう、話し方や態度には十分気をつけます。営業の内容によっては後日連絡し、お時間をいただきたい旨を伝えます。

無人の電話受付での対応

無人の電話受付の場合は、近くにある電話番号一覧で調べて電話をします。電話であっても丁寧な口調で、自分の会社名、名前、担当者の部署、名前、約束の有無と時間を伝え、取り次ぎをお願いします。イスがある場合は座って待機しても構いませんが、**担当者がいつ来てもすぐに対応できるように十分に目配りをしておきます**。携帯電話の操作などはせず、姿勢よく静かに待つのがマナーです。

○○コーポレーション

ロビーでの待機の仕方に注意

⚠ 見られていることを意識する

無人であっても監視カメラなどで受付やロビーが社内に映し出されていることもあります。待機する際の態度にも気をつけましょう。また、ほかの訪問客の邪魔にならないように、イスを占領しないなど周囲への配慮もしましょう。

⚠ くつろぎすぎないよう注意

担当者を待っている間、携帯電話の操作に集中しすぎたり、脚を投げ出したり、ソファの背もたれによりかかったり、くつろぎすぎた印象にならないようにしましょう。担当者が来たらすぐに立てるように、緊張感をもって待機します。

☞ POINT

訪問前に身だしなみを再度チェック

会社を出るときは大丈夫でも、雨や風、暑さなどで髪型が乱れたり化粧が落ちたり、靴に汚れがつくこともあります。担当者にお会いする前には、必ず化粧室などで全身の身だしなみチェックをしましょう。

✅ 時間を意識しながら話を進める

　担当者が入室されたら、初対面の場合はすぐに名刺交換を行います（→P86）。ひととおり挨拶が終わって、着席を促されてから着席するのがマナーです。上司が同行している場合は、上司から話を切り出すのを待ちましょう。また、**打合せ内容を忘れないようにメモをとり**、確認しておくべき内容を漏らさず確認します。さらに、予定の時間をオーバーしないよう、**時間を意識することも大切です**。最後にお礼を述べて面談を終了します。

面談の流れ

①　メモをとりながら話す

ノートと筆記用具は、鞄のすぐ出せる場所にしまっておき、**話のスタートと同時にメモがとれるよう準備しておきましょう**。メモをとりながら話している間も、書くことだけに集中せず、表情やアイコンタクトを意識するようにしましょう。

②　時間配分に注意

先方の貴重な時間をいただいているということを忘れないように、時間も意識しながら話を進めましょう。

③　建物を出てから防寒具を着用

面談が終わったあとは担当者にお礼を言い、しっかりお辞儀をしてから建物を出ます。コートや手袋は建物を出てから着用しましょう。

面談後の流れ

① お礼のメールを送る

会社に戻ったら、「本日は貴重なお時間をいただき、ありがとうございました」とお礼のメールを送りましょう。その日のうちに送ることで印象もアップします。

② 提案についての返事がない場合は電話する

こちらからの提案で訪問し、先方から何らかの回答がほしい場合、**数日経っても返事が来ないときは電話をかけて確認する**ようにします。

③ 状況により次回のアポイントをとる

追加で打ち合わせが必要だったり、資料の要望があれば、再度打ち合わせのアポイントをとります。その都度、上司への報告を忘れないようにしましょう。

④ 上司や関係部署に情報を伝える

会社名、担当者名、進捗状況、今後の取引の進め方について報告や連絡を行います。必要に応じてメールアドレスや名刺情報を共有します。

☞ POINT

余裕があれば手書きでお礼を

お礼のメールで十分なケースもありますが、余裕があれば手書きでお礼の手紙を書くことをおすすめします。丁寧な印象が相手に伝わるので、今後の関係性がより円滑になる可能性があります。シンプルな便せんセットをデスクに用意しておくといいでしょう。

7-3 個人宅訪問時のマナー

✅ 企業への訪問以上に配慮が必要

　仕事によっては、業務で個人宅を訪問することもあります。個人宅に伺う場合は、相手のプライベートの場に入るわけですから、**企業を訪問するとき以上に配慮すべき点や注意ポイントがたくさんあります**。ちょっとした振る舞いが失礼にあたらないように、マナーに則った行動を身につけましょう。

部屋に入るまでのマナー

到着時間に注意する
突然の訪問は、相手に大変失礼です。事前に必ずアポイントをとってから訪問するようにしましょう。企業の場合は約束の5〜10分前の到着がマナーでしたが、**個人宅の場合は約束した時間ちょうどにインターホン(呼び鈴)を押すようにします。**

身だしなみに気をつける
靴の中敷きが汚れていないか、靴下やストッキングは汚れたり破けていないかを確認しておきましょう。正座して話す場合もあるので、**きつすぎるパンツや、座ったときに太ももが目立つようなスカートは避けます。**ブーツは作業着とみなされますし、脱着に時間がかかることや場所をとることからも避けるべきです。

靴の先が玄関を向くように揃える
入ってきたそのままの方向で靴を脱ぎ、上がったら**迎えてくれている方に背中を向けないように**斜めに膝をつきます。そのあと、靴の向きを逆にして隅に寄せます。

滞在時のマナー

▶ コートは コンパクトになるものを

コートはほこりを家の中に入れないように**訪問前に脱いで裏返し、中表の状態できれいにたたみます**。ダウンコートは暖かいのですが、たためずだらしなく見えてしまうのでビジネスの場面で使うコートはコンパクトにたためるものを選びましょう。

▶ 滞在時間はできるだけ 短くする

相手の都合も考えて、**できるだけ長居しないように短時間で用件を済ませます**。滞在中、調度品を見回したり部屋を覗き見たりするのは大変失礼なので気をつけましょう。

▶ 退出は 訪問者から切り出す

用件が済んだら、すみやかに訪問者から退出の意を切り出します。「**本日はありがとうございました**」と丁寧にお礼を伝えてから帰りましょう。

本日はありがとうございました
今後ともよろしく
お願いします

☞ POINT

個人宅の訪問時に気をつけたいこと

- 約束時間ちょうどに到着する
- 部屋に入ったら入り口近くの下座に座る
- 用件が済んだらすみやかに退出する
- 正座ができる服装を選ぶ
- むやみに家の中を見回さない

個人宅訪問の際の手みやげの選び方

人数や家族構成を配慮する

子どもや高齢者など、訪問先の家族構成を考えて常温で保存でき、日持ちするものを選ぶといいでしょう。

予算は会社ルールに従う

訪問内容や相手先により、どのくらいの予算の手みやげにするかが決められていることがほとんどです。わからない場合は上司に確認しましょう。

相手の家の近所では買わない

訪問先の最寄り駅などで購入すると、あわてて用意したという印象をもたれてしまいます。手みやげは訪問先から離れた場所で購入しましょう。

中身を袋から出して渡す

手みやげを渡すのは、挨拶をしてすぐのタイミングが理想です。袋から中身を出して、「お好きだと伺ったので」など、相手のことを考えて選んだ気持ちを伝えましょう。

サプライズを取り入れる

「お名前の一文字が入ったお菓子があったので」「黄色がお好きと伺ったので黄色の包装紙の〜」「ご出身の広島の名物の〜」など、あなたのために選んだ、という気持ちが伝わるちょっとしたサプライズを加えられると気が利いた印象になります。

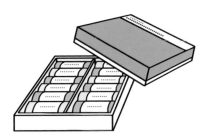

第 **8** 章

ビジネス文書の
基本

ビジネスにふさわしい文書を作成する
力は、仕事を進める上で非常に重要です。
相手の顔が見えない言葉だけのコミュ
ニケーションのため、よく使う定型文など
を応用しつつ、相手や目的によって言葉
を上手に使い分けながら作成しましょう。

✓ 情報や意思を正しく伝達し、記録に残す

　仕事を円滑に進めるためには、多くの情報を正確かつ迅速に伝える必要があります。口頭の伝達だけでは、忘れられたり、聞き間違えたり、情報の伝達過程で内容が変わってしまうこともあるため、**情報を文書化して記録として保存することはとても大切です**。伝える目的と相手意識をもって、正確に要領よくまとまった文書作成の技術を身につけましょう。

ビジネス文書の種類

① 社外文書

● 取引に使うもの
契約書、仕様書、提案書、注文書など

● 金銭に関するもの
請求書、領収書、督促状など

● 連絡で使うもの
案内状、依頼書、移転連絡など

● 社交的に使うもの
挨拶状、招待状、礼状など

社外文書は担当者個人が作ったものでも会社の意向として発信されるため、その内容の責任は会社がもつことになるので、間違いのないよう正確に書きます。また、**相手への誠意と敬意を伝える言葉づかいや儀礼的要素も必要です**。日付や金額などには十分注意し、発信前にも再度確認してから送りましょう。

② 社内文書

● 指示命令目的のもの
社達・通達、指示書など

● 連絡で使うもの
通達書、回答書、依頼書、案内書など

● 報告で使うもの
調査報告、出張報告、日報、月報など

● 決裁を求めるもの
稟議書、企画書など

● 記録目的のもの
議事録、統計類、勤務や経理データ等の記録簿など

社内文書はわかりやすさ優先であることが特徴です。パッと見てスムーズに内容が読み手に理解できるようにシンプルにまとめます。そのため、**敬語表現も必要最低限にとどめ、挨拶の言葉も省きます**。

気をつけるべき文書の取り扱い

社内文書には、個人情報の記載や重要な機密文書など、高い情報管理が求められる内容が多いため、取り扱いには十分気をつけましょう。**基本的に社内文書のすべては社外秘**なので、社外に持ち出してはいけません。

主な機密文書の種類

社内であっても、取り扱いには十分注意しなければならない文書

特定の部署以外には見せてはいけない文書

ビジネス文書作成のポイント

1 通信手段を考える

注文書や簡単な変更連絡の文書はメール添付やファクシミリ（FAX）でも構いませんが、契約書や挨拶状などの書面でのやりとりが慣例となっているものや、**社交の要素が強いものは紙の文書で郵送する**のが一般的です。通信手段に迷ったら上司に確認しましょう。

2 発信日や提出期限を確認する

文書の内容に合わせて発信予定日を決め、作成予定を立てます。**提出期限が決まっている場合は遅れないように十分注意しましょう。**書類によっては期限を過ぎると無効になってしまうものもあります。

3 漢字の変換ミスに気をつける

同音異義語に気をつけ、伝えたい内容に合った漢字に変換されているか、**急いでいるときほど確認しましょう。**間違えて使うと意味がまったく変わり、誤解を生む可能性もあります。

例）
- 清算／精算／生産
- 復習／復讐 ・機械／機会
- 移動／異動 ・解答／回答
- 紹介／照会　　　　など

4 **タイトルは内容がすぐわかるように**

読み手はまずタイトルを見て、どのような内容が書かれているかを推測し、その先を読むかどうかを決定します。**一見して書かれている内容がわかるタイトルをつける**ことで、相手の時間をできるだけ奪わず効率的に文書を読んでもらうことができます。

例)
- 【5月10日開催イベント】提案書ご確認のお願い
- 【お知らせ】弊社営業時間変更について
- 【○○社プレゼン用試作品】御見積書ご確認のお願い

---

5 **短く文書を切る**

一文では1つのことだけを書くように心がけましょう。1つの文章に2つ以上の意味を込めると、一読しただけでは理解できず混乱することもあります。**一文に1つのことが書かれた文章とは、主語と述語が1つの文章**です。また、一文は長くても40〜50文字程度とし、簡潔にまとめます。

例)

NG 先日お送りいただいた御見積書を拝見しましたところ、○○費の金額が想定していた額を上回っておりましたので、10％減額し、△△費については引き続き検討させていただけると幸甚でございます。

OK 先日お送りいただいた御見積書を拝見いたしました。大変恐縮ですが、○○費を10％減額いただくことは可能でしょうか。また、△△費につきましては、引き続き社内で検討させていただきたく存じます。

---

6 **接続詞に注意する**

適切な接続詞が使われていないことにより、文章をスムーズに読めなかったり誤解されたりすることもあるので気をつけましょう。

例)

NG これは自動機能がついていますが、使い勝手がよく、値段が安いです。

OK これは自動機能がついているので、使い勝手がよいです。さらに、値段も安いです。

7 内容は具体的にする

誰が読んでも同じように理解できる表現を心がけましょう。ビジネス文書ではあいまいな表現を避け、**具体的な数字や固有名詞を書きましょう**。特に数字の情報は正確に書くことが大切です。

例)

NG できるだけ早く
お送りください。

OK 4月24日(金)17時までに
お送りください。

8 わかりやすい言葉を使う

使用する言葉はわかりやすいものにし、専門用語や外国語などの使用は最小限にとどめます。

例)

NG プライオリティの高い
ファクターからクリアしていく。

OK 優先順位の高い要素から
解決していく。

9 相手の氏名と役職は正確に

氏名や役職を間違えることはとても失礼です。社外文書でミスのあった場合、取引中止ということまで起こりかねません。役職は変わる可能性があるので最新情報を確認しましょう。**氏名は名刺を見て正しく書きます。特に旧漢字を使った氏名が名刺に書かれていた場合、旧漢字で記載する**のがマナーです。

例)

﨑、髙、邉、邊、斎、齋、齊、冨、眞　などを正しく書きます。
勝手に常用漢字にしないこと。

10 会社名、役職名まで入れる

「○○株式会社××部　部長△△□□様」というように、役職名も必ず入れます。**社外に提出する場合、名前はフルネームで**。複数のお客様を書く場合は、名前とともに、会社名もあわせて書きましょう。

8-2 社内文書の書き方

✅ 一目で内容が読み手にスムーズに伝わるように

　社内文書はスピードを重視し、読むのも作成するのも効率を優先しましょう。読む人が**標題から詳細までが流れるようにスムーズに理解できるように**わかりやすい言葉でまとめます。敬語も最低限にし、儀礼的な挨拶言葉も不要です。箇条書きやグラフを使い、必要な情報を正しく簡潔に伝えるとよいでしょう。多くの会社では特定フォーマットが用意されているので、**記入すべき部分に漏れがないか、日時などのミスがないかなどを必ず確認しながら作成しましょう。**

社内文書の書き方のポイント

✏ 敬語は控えめでよい

基本的には「ですます調」で書きます。ただし始末書などのお詫びの文書や協力依頼などの依頼文書は、丁寧な印象になるように言葉づかいに配慮しましょう。

✏ わかりやすくまとめる

不要な言葉やあいまいな言葉があると正確な情報が届きにくくなります。誰が読んでもわかりやすい言葉を使い、伝えたいことをシンプルに結論優先で書きます。

✏ フォーマットを上手に使う

社内文書はフォーマットが決まっているものも多くあります。フォーマットのない文書も既存のものを上手にアレンジして、使いこなせるようにしましょう。

社内文書は、とにかくわかりやすさが大切！

社内文書（報告書）の例

① 文書番号
文書の検索用に使われる番号。職場のルールに従って番号をとる。

② 発信日時
文書を提出する日付を書く。作成日ではない。西暦か元号かは職場のルールに従う。

③ 宛名
部署名、役職名、氏名を書く。個人の場合は職名のみ（例：田中課長）にするか、その後に敬称をつける会社もある。複数なら「各位」、部署名なら「御中」をつける。

④ 発信者名
自分の所属部署、氏名を書く。部署を代表して書く場合は、部署名のみにすることもある。印鑑が必要な場合もあるため、自己判断せず確認すること。また、宛名と同等かそれ以上の役職からの発信でないと失礼になる文書もあるので気をつける。

⑤ 件名
見てすぐに内容がわかる件名にする。本文より大きめの文字で書くのがポイント。

⑥ 主文
どのような内容の文書かを簡潔に書く。

⑦ 記書き
本文に「下記の通り」と書き、具体的な内容を箇条書きでまとめる。箇条書きの初めに「記」と中央に書き、文章の最後は「以上」で締める。

---

① No.12345
② 2020年5月15日

③ 人事部
　田中課長

④ 営業部
　鈴木　太郎

⑤ 社外セミナー受講報告書

⑥ このたび⑦下記の通り社外セミナーを受講いたしましたのでご報告申し上げます。

⑦ 記

1. セミナー名　「電話応対力向上セミナー」
2. 主催者名　　マナー向上委員会
3. 講師名　　　中山佳子氏
4. 日時　　　　2020年4月22日（水）　14：00〜16：00
5. 場所　　　　ABCビル 会議室
6. セミナー内容
　・電話の応対の基本
　・ワンランク上の電話応対のポイント
　・効果的な質問をする
7. 所感
　・日頃の電話応対では意識していなかった声の印象や言葉遣いが、いかに会社の印象に関わるかを認識した。今後は会社の代表という心構えで一本一本の電話を大事に、丁寧な応対を心掛ける。
　・電話のデメリットを確認し、内容によっては確認メールを送り、記録に残すことも必要であることを学んだ。次回のグループミーティングでも全員に報告し、職場内で学びを共有したい。

⑦ 以上

8-3 社外文書の書き方

✓ 礼儀を守りつつ簡潔に伝える

社外文書は、会社の意思として相手に伝わるため、正確かつ相手への敬意が伝わるような言葉を使うことが大切です。礼儀を知らない会社と思われないように社外文書独特の形式を理解し、作成しましょう。また、金額、日時などの間違いがないよう、**作成したあとに上司に確認をとり、自分でも念入りにチェックしてから相手に送るようにしましょう。**

社外文書を書くときの注意点

✎ 社外文書には 時候の挨拶を加える

頭語（→P116）のあとに、その季節に合った時候の挨拶（→P117）を加えるという慣習があります。

✎ 必要に応じて押印する

請求書や見積書などは、発信者の社名、部署名、氏名を書く欄に押印する場合があります。印を押す場合も、どの印を使うべきかしっかり確認しましょう。

✎ 作成した文書は 念入りに確認

日時、場所、金額などは、ミスが起こりやすいので念入りに確認します。「0」が1つ違っただけで大変なトラブルに発展します。書面でのやりとりは特に、会社の信頼に関わる部分なので気をつけましょう。

今は4月だから「陽春の候」か

社外文書の例・案内状

① 発信日時
文書を送付する日付を書く。

② 宛名
発信者名より上の位置に、社名、部署名、役職名、氏名を書く。複数に送信する資料の場合は「取引先各位」などにすることも。

③ 発信者名
社名、発信者の氏名を書く。住所や電話番号を入れたり、内容によっては押印する。

④ 件名
見てすぐに内容がわかる件名にする。本文より大きめの文字で書くのがポイント。

⑤ 前文
「拝啓」などの頭語のあと、1文字文空けて「時候の挨拶」を入れる。

⑥ 主文
前文から1行改行して「さて」と起辞を書いたあとに本題を続ける。

⑦ 末文
挨拶の言葉など主文を締めくくる

⑧ 別記
箇条書きする内容の前に「記」と書く。

⑨ 最終結語
別記の最後は「以上」と書く。

⑩ 問い合わせ先
問い合わせがあることを考慮し、担当者の部署と氏名、直通の電話番号やメールアドレスを記載しておく。

---

① 2020年5月11日

取引先各位 ②

③ マナー株式会社
代表取締役　田中宏史 ㊞

④ 新製品内覧会のご案内

⑤ 拝啓　新緑の候、貴社におかれましてはますますご盛栄のこととお喜び申し上げます。
平素は格別のご高配を賜り、厚くお礼申し上げます。

⑥ 　さて、このたび、かねてより弊社で開発を進めておりました「ハイパーSPK」の新製品が完成いたしました。本製品は、消費者の方々からいただいた数々のご意見を参考に、機能の追加と操作性の改善をいたしました。
　つきましては、一般販売に先立ち、本製品の内覧会を下記の通り開催いたします。

⑦ 　何かとご多忙の折とは存じますが、ぜひご来場賜りますようご案内申し上げます。

敬具

記

1. 日時　2020年5月29日（金）10：30 〜 12：30
　　　　　（受付開始10：00 〜）
⑧ 2. 場所　MANNERセンター Aホール
　　　　　（東京都渋谷区桜丘町○-○-○）
3. スケジュール　10：30 〜 開会式、新製品のご案内、
　　　　　11：00 〜 場内自由見学、体験

⑨ 以上

⑩ 本件に関するお問い合わせ
担当　営業部　鈴木太郎
TEL：00-0000-0000
Email：tarosuzuki@○○○.com

2020年5月11日

ABC株式会社
佐藤和夫様

マナー株式会社
鈴木太郎

新製品ご契約の御礼

拝啓　新緑の候、貴社ますますご盛栄のこととお喜び申し上げます。
平素は格別のご高配を賜り、厚くお礼申し上げます。
　さて、このたびは弊社の新商品「ハイパーSPK」をご契約賜り
誠にありがとうございます。
　弊社が開発に長年力を注いだ新商品をお気に召していただき、
社員一同、大変光栄に存じます。貴社に導入するにあたり、一層お役に
立てるよう、サポートさせていただく所存でございます。

　後日、弊社部長の田中がご挨拶と納品までのご説明に伺いますが、
まずは略儀ながら書面にてご契約のお礼を申し上げます。

敬具

☞ POINT

お礼状のポイント

• 契約が完了したら、なるべく早いタイミングでお礼状を出す
• 贈り物のお礼状などは届いてから3日以内に出す
• 何についてのお礼なのか、定型文のみにならないように
　感謝の気持ちが伝わる言葉を選んで伝える

社外文書の例・封筒の宛名

① 郵便番号
会社所在地の上に頭揃えで書く。

② 所在地
横書きの場合はアラビア数字で書く。

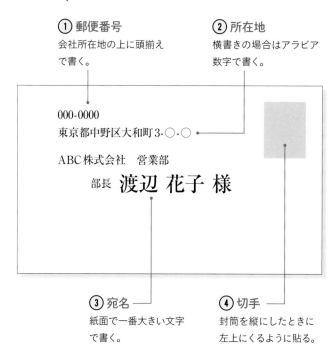

③ 宛名
紙面で一番大きい文字で書く。

④ 切手
封筒を縦にしたときに左上にくるように貼る。

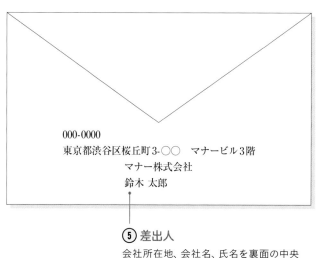

⑤ 差出人
会社所在地、会社名、氏名を裏面の中央に書く。控えめな印象が伝わるように少し小さめに。郵便番号も忘れずに書く。

覚えておきたい郵便の種類

ビジネスシーンでよく使う郵便物のサイズと重さ、金額を覚えておきましょう。

種類	重さ	サイズ	料金
はがき	2〜6g		全国一律63円
定型郵便物 （長封筒など）	50g以内	最大　縦23.5cm×横12cm×厚さ1cm 最小　縦14cm×横9cm	25g以内／84円 50g以内／94円
定型外郵便物 （A4サイズの 封筒など）	規格内 1kg以内	最大　縦34cm×横25cm×厚さ3cm	120円〜580円 （重さにより異なる）
	規格外 4kg以内	最大　縦60cm、 もしくは縦＋横＋厚さ＝90cm 最小　縦14cm×直径3cmの円筒形、 または縦14cm×横9cm	200円〜1,350円 （重さにより異なる）
レターパック	4kgまで	A4サイズ（34cm×24.8cm）	全国一律370円または 520円 （重さと種類により異なる）
ゆうパック	縦＋横＋厚さ＝170cm以下、 重さ25kg以下のもの		810円〜3,160円 （サイズと距離により 異なる）
ゆうメール	1kg以内	縦34cm以内×横25cm以内× 厚さ3cm以内	180円〜360円 （重さにより異なる）
スマートレター	1kg以内	縦25cm×横17cm（A5ファイル サイズ）×厚さ2cm以内	全国一律180円

※2020年2月現在

書留の種類

一般書留

引き受けから配達までの送達過程を記録するサービス。郵便物が壊れたり届かなかった場合、実損額を賠償する。

現金書留

現金を送付するとき専用の一般書留。専用封筒はのし袋も入るので、お祝いも送ることができる。

簡易書留

一般書留に比べて料金が割安。万一の場合の賠償額は、原則として5万円までの実損額が支払われる。

※引き受けと配達のみを記録

一筆箋で想いを伝える

データやメールのやりとりで済ませてしまうことの多い現在ですが、余裕があるときは一筆箋を活用しましょう。手書きのものは、その人のためだけに時間を割いたという意味でも印象に残ります。時間がないときは、送付状に一筆加えるだけでも気持ちが伝わります。

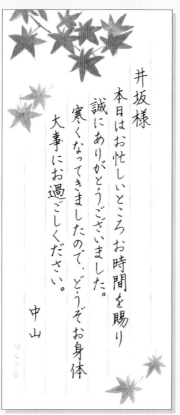

井坂様
本日はお忙しいところお時間を賜り
誠にありがとうございました。
寒くなってきましたので、どうぞお身体
大事にお過ごしください。
　　　　　　　　中山

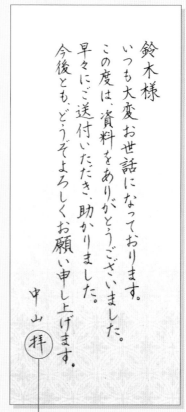

鈴木様
いつも大変お世話になっております。
この度は、資料をありがとうございました。
早々にご送付いただき、助かりました。
今後とも、どうぞよろしくお願い申し上げます。
　　　　　中山㊙

名前の後に「拝」をつけ、相手に対し敬意を示すこともある。

8-4 頭語・結語・時候の挨拶

✅ 社外文書の儀礼の言葉

　社外文書では、いきなり用件で始めるのは失礼に当たります。一般的には**前文から始め、主文、末文と続けます**。前文は「頭語」と「挨拶文」から始め、末文は「結びの挨拶」と「結語」で締めくくります。適切な「頭語」と「結語」の組み合わせを覚え、**相手と内容を考慮した挨拶言葉を書きましょう。**

	頭語	結語
一般的に用いられる言葉	拝啓・謹啓	敬具・謹白
用件だけ書くときの言葉 （挨拶の言葉は入れない）	前略	草々
返信するときの言葉	拝復	敬白・敬具

冒頭挨拶 文例	**先方の安否を問う** • 貴社ますますご清栄（ご隆昌、ご繁栄）のこととお喜び申し上げます。 • 皆様、ますますご健勝（ご清祥）のこととお喜び申し上げます。 **お礼や日頃の感謝の挨拶** • 平素は格別のご厚情を賜り、心より御礼申し上げます。 • 平素は格別のお引き立てを賜り、厚く御礼申し上げます。 • 平素はひとかたならぬご愛顧を賜り、心より御礼申し上げます。 **お詫びの挨拶** • 先日はご迷惑をおかけし、誠に申し訳ございませんでした。 • ご無沙汰いたしており恐縮に存じます。 • 何度もお時間を賜りましたこと、恐縮いたしております。
結びの挨拶 文例	• まずは書面にてお知らせ申し上げます。 • 今後とも倍旧のお引き立てをお願い申し上げます。 • 時節柄ご自愛のほどお祈り申し上げます。

時候の挨拶用語例

月	紋切型	ソフトな言い方
1月	新春の候	松の内も過ぎ
	厳寒の候	例年にない厳しい寒さですが
2月	立春の候	暦の上では春だというのに
	余寒の候	寒さがまだまだ厳しい昨今ですが
3月	早春の候	春寒ようやくぬるむこの頃
	春暖の候	だいぶ春めいてまいりましたが
4月	陽春の候	春光うららかな季節を迎え
	桜花の候	春もたけなわのこの頃ですが
5月	新緑の候	すがすがしい若葉の季節になりましたが
	薫風の候	気持ちのよい五月晴れが続きます
6月	梅雨の候	いよいよ梅雨に入りましたが
	初夏の候	梅雨明けが待たれるこの頃
7月	盛夏の候	近年にない暑さが続きますが
	炎暑の候	水辺が恋しい今日この頃です
8月	立秋の候	立秋も過ぎた昨今ですが
	残暑の候	今年の残暑はことのほか厳しいようで
9月	初秋の候	朝夕めっきり涼しくなりましたが
	秋涼の候	台風の去った空が、ひときわ青く澄んで
10月	仲秋の候	秋空高く爽やかな毎日が続いております
	秋麗の候	実りの秋となりました
11月	晩秋の候	朝ごとに冷気が加わるこの頃
	初霜の候	おだやかな小春日和がつづくこの頃
12月	初冬の候	師走の寒さがことさらに感じる毎日です
	師走の候	歳末ご多忙の折から

メールの書き方の基本

✅ メールならではの配慮を心がける

　メールは、ビジネスに欠かせないツールです。時間に関係なく送受信ができ、大切な情報を記録に残せるというメリットがあります。しかし、セキュリティの問題や、言葉の表現によっては冷たく事務的な印象を相手に与えてしまう可能性も。**配慮のあるひと言を添えたり、返信までの間隔をあまり開けないようにする**など、相手の気持ちに沿って上手に使いこなしましょう。

メールの注意点

読まれないことを想定する

メールは送受信時間が選べるものですが、**必ずしも読んでほしい時間にタイムリーに相手に読んでもらえるとは限りません**。急ぎや重要な内容であれば電話と併用することも考えましょう。

事前確認を十分に

送信ボタンをクリックする前に、必ず**送り先、送り方(To,Cc,Bcc)、タイトル、本文の宛名、数字、漢字変換**などを丁寧に確認します。

セキュリティ対策を万全に

常にセキュリティ対策を万全にしておきましょう。また、怪しいメールは開かない、URLや添付データを不用意に見ないようにします。

メール独特の機能を理解する

CcやBccの使い分けを理解し、間違いのないようにします。Bccで送るべき相手にToやCcで送ってしまうとメールアドレスが公開され、大きなトラブルとなることもあります。

言葉の選び方で印象が変わる

文字は口頭と違って、ニュアンスが伝わりづらいもの。メールは書かれた文章が想像以上に冷たく相手に伝わってしまうこともあるので、**相手への敬意表現や感情を配慮した言葉を選びましょう。**

| NG | その日は都合が悪いので、他に日にしてください。 | 締め切りを過ぎています。困るので至急送ってください。 |
| OK | 申し訳ございません、あいにくその日は別の予定が入っております。できましたら、4月20日（月）～4月24日（金）にて再度ご検討いただけませんでしょうか。どうぞよろしくお願い申し上げます。 | その後、進捗状況はいかがでしょうか。こちらも鋭意進めておりますので、できましたら5月12日（火）17時までにお送りいただけないでしょうか。難しい場合は、一度お電話をいただけますと助かります。どうぞよろしくお願い申し上げます。 |

メール作成のポイント

① 名乗る
- 一目でメールの内容と目的がわかる、簡潔な件名をつけます。
- 必要に応じて、組織名を記載します。
- 重要な内容や緊急の内容の場合は、タイトルの最初に《緊急》または《至急》と入れるとよいでしょう。

> 例）
>
> **NG** お知らせ → **OK** 営業ミーティング開催のお知らせ
> **NG** 会議日程変更 → **OK** ＜＜至急＞＞社内定例会議が4月5日に変更になりました
> **NG** 見積書送付の件 → **OK** ○○のお見積書をお送りいたします

② 本文の宛名
- 社名、部署名、役職名は正確に書きます。やり取りが多くなったら、氏名＋敬称のみで進めることも多くあります。
- 株式会社は（株）と略さないようにします。

③ 本文の書き出し
- 「いつもお世話になっております」程度の簡単な挨拶言葉から始めます。
- 挨拶のあとに「○○株式会社の鈴木でございます」など、名乗るのが一般的です。

④ 本文

- 1行30文字程度で、話の区切りがつくところで1行文のスペースを入れます。目安としては5行以上になる場合にはスペースを加えて読みやすくします。
- 用件は1項目ごとに分けて、箇条書きにします。
- 「昨日」「明日」などのあいまいな表現は避け、具体的な日時を明記します。
- アルファベットは半角で、カタカナは全角で書きます。

例)
> **NG** 丸つき文字（①、②、③…）などの環境依存文字は正しく表示できない場合があるので避けましょう。
>
> **NG** アルファベットを全角にすると、メールアドレスなどのコピー＆ペーストができなくなります。

⑤ 署名

- 本文の末尾には署名をつけましょう。
- プライベートでは氏名のみの署名が多いものですが、ビジネスで用いる署名では社名、部署名、会社所在地、電話番号、FAX番号、メールアドレスを明記するのが一般的です。

```
****************************************************
マナー株式会社
鈴木 太郎
〒000-0000　東京都渋谷区桜丘町3-○○　マナービル3階
TEL 00-0000-0000／FAX 00-0000-0000
mail tarosuzuki@○○○.co.jp
****************************************************
```

⑥ 添付ファイル

- 容量が大きい添付ファイルを送る際はサイズに注意します。
- 容量の軽い複数のファイルを送る際は、圧縮ファイル（zip形式）にすると、相手のOS（Mac、Windowsなど）が違ってもほぼ問題なく開くことができます。
- 添付ファイルを送る場合はパスワードを設定すると安心です。職場のルールに従いましょう。
- 添付ファイルがあることを、本文でも触れておきましょう。
- 職場によっては、メールの容量やウイルス対策で添付ファイルを制限している場合があるので、急ぎや重要な内容は必要に応じて電話での確認も行います。

⑦ 返信

- 返信は、できるだけ営業稼働時間8時間以内にします（遅くとも2営業日以内に）。
- 長期間チェックできない場合は、長期間チェックできない場合は、不在メッセージの自動返送設定や事前連絡をしておきましょう。
- 「Re:」や「FW:」「>」はメールの習慣なので、送られてきたメールの返事には返信時の件名はなるべく書き換えないようにします。内容が変わる際にタイトルを変更し、あまりRe:が連ならないようにするのもマナーです。

> Re:　「返信」にすると、件名の前に自動的につきます。
> FW:(Fw:,Fwd:)　「転送」にすると、件名の前に自動的につきます。

⑧ 「To」「Cc」「Bcc」

- **To**　メッセージを伝えたい人のメールアドレスを指定します。
- **Cc**　その人に直接宛てたメールではないが、参考までに送る場合にCcで送ります。Ccで送られたアドレスは、送られた人全員に公開されます。
- **Bcc**　送り先のメールアドレスを隠すことができます。受け取る本人以外に、誰にコピーが送信されているのかわからないので、複数の相手にメールを出すときに使用すると効果的です。

☞ POINT

メールでよくある気をつけたいミス

- Bccで送るべき相手にCcで送ってしまう
- 相手が長期不在で急ぎ、または
  重要なメールを見てもらえていなかった
- 宛先を間違える
- 添付ファイルをつけ忘れる
- 間違った添付ファイルを送ってしまう
- 添付ファイルの容量が大きすぎて、相手が受信できていなかった
- 余計なデータを一緒に添付してしまう
- 必要な受信メールを誤って削除してしまう
- 相手のパソコンではファイルが開けない

① 件名
具体的な内容を明記する。依頼の場合は「〜のお願い」にするとわかりやすい。

② 書き出し
初めてメールする場合はその旨を記載する。名乗った後、すぐに用件を書く。

③ 本文
「何を」「いくつ」など、依頼内容を具体的に書く。

④ 署名
フォーマットを作っておき、自動署名できるように設定しておく。

宛先：hanbai@△△△.co.jp

Cc：

件名：サンプル送付のお願い

ABC株式会社
販売部御中

初めてご連絡差し上げます。
マナー株式会社・営業部の鈴木と申します。
貴社のサイトを拝見しまして、
ノベルティのオリジナルボールペンに興味をもちました。

お手数をおかけして恐縮ですが、
サンプルをお送りいただけませんでしょうか。

また、500本の場合と1,000本の場合での見積もり
2パターンを作成していただけますでしょうか。

以上、どうぞよろしくお願いいたします。

****
マナー株式会社
営業部　鈴木太郎

〒000-0000　東京都渋谷区桜丘町3-○○
マナービル3階
TEL 00-0000-0000／FAX 00-0000-0000
mail tarosuzuki@○○○.co.jp
****

メールの文例・催促のメール

① 宛名
取引がある相手の場合は、敬称がつくように事前に登録しておくとよい。

② Ccは必要な場合につける
宛先人のほか、情報を共有しておきたい人がいるときはCcに入れる。

③ 書き出し
時候の挨拶は省略し、「お世話になっております」と社名、部署名、氏名だけでOK。

④ 本文
横に長いと読みにくいので、スクロールしなくても読めるくらいの30文字程度に収める。催促などの場合は「いつまでに」を明記する。

⑤ 配慮の一文
配送物など、行き違いになる可能性がある場合は、配慮の一文を添えておくと印象がよくなる。

宛先：ABC株式会社　田中様

Cc：ABC株式会社　木村様

件名：サンプル送付のご状況につきまして

ABC株式会社
佐藤様

お世話になっております。
マナー株式会社・営業部の鈴木です。

4月27日(月)にお願いいたしましたオリジナルボールペンの
サンプルですが、
5月20日(水)現在、弊社に届いていないようでございます。
恐れ入りますが、現在のご状況を
教えていただけますでしょうか。
今週、社内会議で提案するため5月25日(月)までに
ご返信をいただけますと幸いです。

なお、本メールと行き違いになり、
すでにご対応を頂いておりましたら何卒ご容赦くださいませ。
以上、どうぞよろしくお願いいたします。

****
マナー株式会社
営業部　鈴木太郎

〒000-0000　東京都渋谷区桜丘町3-○○
マナービル3階
TEL 00-0000-0000／FAX 00-0000-0000
mail tarosuzuki@○○○.co.jp
****

スマートフォンアプリを
使う場合の注意点

▶ 軽々しい
やりとりはしない

会社によっては、無料のトークアプリでのやりとりが許されているところもあります。ただし、友達同士のノリでスタンプを乱用したり、取引先からの依頼に対してすぐに「大丈夫です」と回答してはいけません。手軽に扱えるアプリは即対応したくなりがちですが、自分で判断できない案件は、いったん「確認しますので少々お待ちください」と返信し、必ず上司に確認をとってから回答するようにしましょう。

▶ 引き継げるIDや
バックアップをとる

アプリによっては時間が経つと、取引先とのやりとりや残しておきたい資料が消えてしまう場合があります。その都度スマートフォンに保存しておくのはもちろん、機種変更するときは引き継げるIDをきちんととっておいたり、バックアップをとっておくことが大切です。

▶ 手帳とスケジュール
管理アプリを併用する

最近はすべてスマートフォンのアプリでスケジュール管理する人も増えていますが、万が一データが消えてしまったときのために、手帳との併用をおすすめします。特に重要な会議や打ち合わせの予定は、手書きで残しておくとよいでしょう。

▶ 充電切れに注意

スマートフォンは使用頻度が高いと充電がすぐに切れてしまうことがあります。仕事によってはモバイルバッテリーなどを持つなど、使いたいアプリが充電切れで使えないということがないように気をつけましょう。

▶ フリーWi-Fiの
使用に気をつける

多くの人が使うフリーWi-Fiには注意。仕事でも使うスマートフォンは、情報漏えいの可能性があるため、不用意にフリーWi-Fiには接続しないようにしましょう。

第 **9** 章

宴会・接待の
マナー

職場のチームワークを強めたり、お客様との良好な関係を築くために、食事を共にすることは非常に有効です。ビジネスパーソンとしての立場をわきまえ、お互いが心地よく過ごせるような宴会や接待時のマナーを学びましょう。

✅ 職場のコミュニケーションを深める場

　職場によっては、表彰イベントや歓送迎会などの社内行事が行われることがあります。参加必須の行事やイベントでなくても、**チームワークを強めたりモチベーションを高めるなど、いずれの開催にも意義があるものです。積極的に参加しましょう。**社内行事を通して得られる人間関係によって連絡系統がスムーズになり、仕事の効率アップにもつながるなどのメリットもたくさんあります。

社内行事の目的とメリット

▶ 一体感の醸成

社内行事は**「自分たちはチームで働いている」ということが実感できる場でもあります。**たとえばスポーツイベントで一丸となって試合に臨み、チームとしての一体感が得られることで仕事におけるチームワークが強くなったり、ある人の意外な特技や長所を発見できることもあります。

田中さん今までありがとう

▶ 職場の人間関係が広がる

職場では階層や所属など立場の違いにより話す機会の少ない人とでも、仕事の場から離れた宴会のような場ではフランクに話ができるなど、**縦横のコミュニケーションを深める機会にもなります。**

▶ 世代間のギャップの解消

年代層の違いによるコミュニケーションギャップに最初は戸惑うものですが、お互いにどのように考えているのかがわかれば、そのギャップに楽しさも感じられるはずです。**苦手意識をもたず、自分と違う世代のことを理解できるよい機会と捉えて**いろいろ話を聞きましょう。

さまざまな社内行事

社内懇親会

- プロジェクトの打ち上げ
- 歓迎会
- 送別会
- 定年退職祝い
- 新年会、忘年会、暑気払い
- 誕生日会　など

メリット

仕事を離れた懇親会や打ち上げの場でのコミュニケーション、仲間意識や一体感を強くする効果もあり、結果的に生産性もアップする。

社員旅行

- 国内旅行（温泉など）
- バーベキュー
- 海外旅行　など

メリット

長い時間を互いに共有することで社員同士の本音が見えるのと、社員のリフレッシュの場になる。

スポーツ

- 実業団チームの応援
- フットサル、野球などのスポーツサークル
- 登山
- 社内運動会　など

メリット

一つの同じ目標に向かって挑戦したり、励まし合ったりすることで、結束力が強まる。

表彰イベント

- 売上・利益達成賞
- グッドジョブ賞
- ルーキー賞
- 永年勤続賞
- 社長賞　など

メリット

表彰される人やチームの仕事に対するモチベーションが向上するほか、ほかの社員の意欲も向上する。

☞ POINT

仕事の場を離れた人間関係が生産効率をアップさせる

アメリカのウェスタンエレクトリック社のホーソン工場の実験では、組織内での仲間意識や友情、好意的な関係作り、責任感などの感情が、仕事へのモチベーションを高め、生産性向上につながるということがわかりました。この実験をきっかけに、職場の人間関係をよくするための研究や取り組みが活発になっていきました。社内懇親会やイベントも、その取り組みの一つです。上下関係や部署間の垣根を越えた場での関係作りは、職場の活性化や個人のモチベーションアップによい影響を及ぼすことがわかっています。

宴会のマナー

✅ 視野を広げ成長できる機会

　宴会は話が合わない不安や上司への気づかいなどが面倒で気乗りしないという人もいるかもしれませんが、**参加することで得られる知識や人間関係もあります。**仕事の場では見られなかった上司の一面が見られたり、先輩の経験談などを聞ける貴重な場でもあるからです。仕事を離れた場のほうが伝えやすいこともあります。お互い気持ちよく語り合うことで、さらに仕事へのやる気が高まるのが理想的です。

宴会に参加するときのポイント

▶「無礼講」に注意！

「今日は無礼講」と言われても、何でも言っていいということではなく、気軽に楽しもうという程度の意味に捉えましょう。**自分の立場をわきまえた言動をするのが基本です。**

▶ 飲めない人に配慮する

お酒を飲めない人に、無理にお酒をすすめるのは絶対にやめましょう。お酒が飲めない人でも楽しめる雰囲気づくりが大切です。

▶ お酌は進んで行う

上司や先輩の飲み物が少なくなっていたら、**自らお酌するように心がけて。**料理の取り分けや皿の回収も進んで行いましょう。お酌をするのは話しかけるよいきっかけになります。

▶ 社内の人の悪口は慎む

仕事を離れた場では、その場にいない人のうわさ話や悪口が出ることも多いものです。そのような話は、聞いているだけで同調したと捉えられることもあります。**できるだけ話題を変えるように働きかけましょう。**

お酌の基本

ビール

ビール瓶のラベルが見えるように両手で持って注ぎます。基本は相手のグラスが空になってから注ぎます。

 日本酒

右手で持った徳利に左手を添えて、盃に注ぎます。8分目くらいまで注ぎましょう。

 ワイン

ワインはお店の人に注いでもらいます。お店の人が近くにいないなど、状況によってはお酌することもあります。

基本、物の受け渡しは両手が原則です。ビール瓶や徳利を持つにも、お酌をしていただくときにも、両手で受けるのがマナーです。

☞ POINT

お酌をするときの注意点

- お酌をするときはこぼさないように気をつける
- 相手のペースに合わせてお酌する
- 飲みすぎていると思われたら、お酌のペースを落とし、水を用意したりソフトドリンクをすすめたりする
- 重要な会話の途中のお酌は避ける
- グラスが空になる少し前でひと声かける
  例)「お注ぎしてもいいですか」「同じものでよろしいでしょうか」

幹事になったときにすべきこと

幹事のすることは仕事の進め方と同じです。そのため**段取り力がついたり、参加する人はもちろん参加しない人にまでも配慮をしなければいけないことから、気配りのコツもつかめます。**
職場コミュニケーションに関わるプロジェクトと捉え、進んで幹事を引き受けましょう。

① 参加必須メンバーと調整する
参加必須メンバーに開催目的を伝え、日程候補日を複数あげてもらいます。

② 日程を決める
開催目的、候補日時を書いたものをメールや回覧、掲示板などで周知し、参加希望者を募ります。
日程が決まったらできるだけ早く伝えるようにします。

③ 予算を考える
参加メンバーの予算感を確認し、オーバーしないようなプラン、コースを選びます。

④ お店の予約をする
食事内容、場所、飲み放題の有無、個室の有無などを調べ、目的と参加メンバーの意向に合った場所を選びます。

⑤ 参加メンバーに連絡する
目的、場所、時間、参加メンバーなどの必要事項を参加メンバーに確実に連絡します。

⑥ 前日に最終確認を
人数が多い場合は、お店に電話で予約の再確認をしておくと安心です。前日になったら参加者全員にリマインドメールを送りましょう。

☞ **POINT**

幹事になったら考えておくこと

●プレゼントを用意する場合
送別会やお祝い事の場合は、色紙や花のプレゼントをすることもあります。例年の慣習などを聞き、必要であれば相手に喜んでもらえるようなプレゼントを用意して、素敵なセレモニーにしましょう。

●配席を考える
立場順にする、くじ引きで番号をひいてもらって決めるなど、日頃の近しいメンバーで固まらない工夫をしましょう。特に上の立場の参加者に配慮します。

●ひと言挨拶をもらう場合
歓送迎会でも新年会、忘年会でも区切りとして立場の一番上の方から乾杯の挨拶をしてもらったり、締めの言葉をもらったりします。突然お願いするのではなく、事前にどのようなタイミングでお願いしたいのかを伝えておきます。

・ COLUMN ・

⚠ よくある食事中の　トラブル

グラスを割ってしまった
あわてずに同席者に小声で謝り、お店の人を呼んで処理してもらいます。自分で片づけるのは控えましょう。

カトラリーを落としてしまった
もしフォークやナイフを落としてしまっても、自分で拾うのはNGです。お店の人に合図をして、新しいものと取り換えてもらいます。

ワイングラスに口紅がついた
グラスについた口紅は、そっと指で拭います。汚れた指は膝の上のナプキンで拭きましょう。

料理がなかなか出てこない
お店の人を呼んで、オーダーが通っているかどうか小声で確認をとります。どれくらいで提供されるのかも合わせて確認するといいでしょう。

料理が食べきれない
お腹がいっぱいで食べきれない場合は残してもOK。食後のサイン（→P135）を参照にフォークとナイフを右側に並べておき、「ごちそうさまでした」とお店の人に伝えます。

⚠ 注意しなければ　いけないこと

すべて立場の上の順から
席を促すのも、食事をお出しするのも、すべて立場の上の順からと心得ましょう。取り分けられたお皿をお渡しする順番にも配慮が必要です。

取り分けは人数分　行き渡るように
大皿で提供された場合は、全員に行き渡るよう取り分けなければなりません。最後の人が少なくなりすぎたり、メインの具材がなくなったりしないよう気をつけながら分けます。

お箸の使い方に気をつける
大皿料理を取るときに箸を逆さに使うことも逆さ箸といってマナー違反。取り分けのお箸がなければ、お店の方に取り分け用のお箸をいただきましょう。また、お箸で人を指すのはNGです。

社内の情報を　大きな声で話さない
レストランや居酒屋などは、ほかのお客様もいるため、いつ誰が話を聞いているかわかりません。社内の情報やお客様についての話題を大きすぎる声で話すのはやめましょう。

9-3 接待時のマナー

✓ 相手に合わせたお店選びが大切

　接待をする場合は必ず目的があります。日頃の感謝の気持ちを暑気払いや忘年会を設定して伝えることや、プロジェクト終了後のお礼など、取引先との今後の仕事をスムーズに進めるために行われます。そのため、**接待する相手に喜んでもらえるような場を作ることが大切です。**相手側の好みなどを事前にリサーチし、適切なお店選びをし、接待中は常に相手が気持ちよく過ごせるように気を配りましょう。

お店選びのポイント

☐ **会食の目的**（お礼、お詫び、親睦など）**と予算**

☐ **接待する相手の好み・アレルギーの有無**

☐ **喫煙者の有無**

☐ **取引先からのアクセス**

☐ **個室の有無**
　※周囲の人に話を聞かれることを避けるためにも、個室がおすすめ

☐ **カードの使用の可否**

☐ **お店の雰囲気・接客態度**

▶ 細かい要望は電話で伝える

最近はインターネットでも気軽に予約できるようになりましたが、インターネットで予約した場合でも、詳細な希望を伝えたり食事内容を確認するために電話連絡もしておきましょう。お店側が忙しいランチやディナータイムの時間帯は避け、電話での話し方も丁寧に伝えることを心がけましょう。

接待の進め方の手順

① リサーチする

左ページの内容を踏まえて、インターネットなどでお店を調べます。**ジャンルもある程度絞り込んだほうが検索しやすくなります。**自社サイトは実際と写真がまったく違うこともあるので、複数のサイトをチェックします。

② 店を選ぶ

接待のお店選びで大切なのは、相手の好みに合わせた食事でゆっくり話ができること。**個室であれば周囲を気にせず会話ができます。**駅からアクセスのいい場所にすることも重要です。

③ 上司に確認する

上司にお店の情報**(ジャンル、アクセス、特徴、個室の有無、コース内容、予算などの詳細)**を伝え判断を仰ぎます。

④ 正式に予約をする

実際に予約を入れる前に、**下見として挨拶と確認をしておくと安心です。**席の希望を伝えたり、大事な場であるので協力してほしいなどのお願いもしておくとよいでしょう。問題なければ正式に予約をします。

⑤ 参加者に告知する

メールなど記録に残るもので**参加者全員に連絡します。**このとき、お店に誰の名前で予約しているか**「予約名」も必ず伝えます。**

⑥ 前日確認をする

前日になったら、参加者全員に**「明日は予定どおりご参加いただけそうでしょうか」**とリマインドメールを送るか電話連絡をするなど、都合を再確認しておきましょう。また、予約したお店に電話をかけ、正式に予約されているかを確認しておくとさらに安心です。

接待時の席次

レストランの場合は奥の席、和室の場合は床の間の前が上座です。**相手側が到着したら上座を促し、着席したのを見届けてから座ります**。荷物は床に置きます。和室の場合は、畳のへりを踏んだり荷物を置かないようにしましょう。

和室のマナー

- 敷居を踏むのはNG
- 座ぶとんに座るときは、座ぶとんの敷いてある位置より下座側から座る
- 床の間は大切な場所なので、荷物を置くのはNG
- ジャケットを脱ぐのは相手側が脱いでから

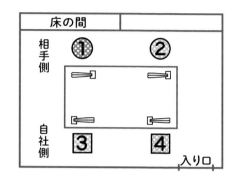

床の間	
相手側 ①	②
自社側 ③	④ 入り口

入り口に一番近い場所には、自社側の部下が座ります

接待中の注意点

接待中も仕事であることを忘れてはいけません。取引先と円滑な関係が築けるよう、最低限のマナーを守って会食を楽しみましょう。

⚠ こんなことに注意！

- 政治や宗教の話をする
- 会社の機密情報を漏らす
- 写真を撮ってSNSにアップする
- 食べるときに音を立てない
- 会話に関係ないタイミングでスマホを見る
- 相手にお酒をすすめられ、つい飲みすぎて酔いつぶれる

私は○○党は大嫌いなんですよ！

NG ✕

覚えておきたい食事中のマナー

▶ 仕事の話ばかりに ならないようにする

仕事の話は、会の最初か最後にします。最長でも20分をめどに短く終わらせ、**仕事のお願いばかりにならないようにしましょう**。接待は「お互いの人間関係をよくするためにある」と心得ましょう。

▶ 相手のペースに 合わせて食べる

一人で食事をしているわけではないので、**相手のペースに合わせて食事を進めます**。その場にいる全員が同時に食べ終わるくらいに調整するといいでしょう。自分が話しているときは、ほかの人よりも食べるペースが遅れることがあるので気をつけましょう。

▶ 姿勢に気をつける

猫背になってテーブルに顔を近づけるようにして食べたり、肘をついたりするのは行儀よく見えません。**お酒の入る場でも姿勢や態度を崩しすぎないようにしましょう**。

▶ 食器の扱いに注意

食事を食べ終わったら、ナイフとフォークを皿の右側に並べて置きます。食べている途中は、ナイフとフォークを「ハ」の字にします。また、お箸であれば箸置きを使います。お椀ものを食べ終わったときは、持ち手を上にしてふたをします。

帰り際のマナー

▶ 会計のタイミング

接待の場合は、取引先の人に金額がわからないように、さっと支払いを済ませましょう。デザートが出てしばらくしたら、自然に席を外し支払いをします。**テーブル会計の場合でも、取引先の目の前で払うことは避けます**。事前に接待であること、会計は自分が行うことを伝えておけば、お店の人も配慮してくれるはずです。

▶ 手みやげを渡すタイミング

接待の場合は、取引先が到着する20分前には店に着き、できればあらかじめお店の人に手みやげを預かってもらいます。**お開きになる少し前にお渡しするか、退出後にお渡しするかは、その場の状況に合わせます**。手みやげは相手の好みを考慮した、ある程度日持ちするものを選ぶようにしましょう。

接待されたときのマナー

接待の招待を受けたら、**速やかに上司に報告して参加の可否について決断を仰ぎます**。会社や組織によって、接待は受けてはいけないというルールがあったり、接待を受けることのデメリットを想像してお断りすることも多いからです。その上で、上司が参加すると判断した場合は、相手に感謝の気持ちをしっかり伝え、喜んで伺う旨を伝えます。

⊙ 約束の5分前には 着くようにする

接待される側も遅刻は厳禁です。**約束の時間の5分前か、時間ぴったりにお店に到着する**ようにしましょう。

⊙ 食べるときに 音を立てない

ズルズル、くちゃくちゃという**音を立てて食べるのは周囲の人を不快な気持ちにさせます**。食べ方がわからなければ、周囲の方の食べ方を見習いましょう。

⊙ 常に謙虚に振る舞う

お店の雰囲気のよさや食事のおいしさを褒めたり、日頃の仕事に感謝したり、**接待を受ける側であっても謙虚な振る舞いが必要です**。会社の代表で呼ばれていることを忘れずに。

⊙ 靴や靴下のにおいに注意

座敷に上がるケースが考えられるので、**出かける前に靴や靴下のにおいをチェック**。替えの靴下を用意したり、消臭スプレーなどを使って清潔にしておきましょう。これは接待する側になった場合にも同じです。

第**10**章

冠婚葬祭・
お見舞いのマナー

服装や作法など、なにかと配慮しなけ

ればならないことが多い冠婚葬祭やお

見舞い。普段よりも形式を大事にする

場面だからこそ、大人のマナーをきち

んと身につけておきましょう。心から

の気持ちを伝えることも大切です。

✅ 最大限の祝福の気持ちを伝える

　プライベートはもちろん、ビジネスシーンでも結婚式や披露宴に招待されることはあります。招待状の返信の仕方や披露宴での態度、受付を頼まれたときも最低限のマナーがあります。お祝い事なので、**最大限の祝福の気持ちを表すとともに、社会人として恥ずかしくない行動を心がけましょう**。結婚式当日は身だしなみを整え、時間に余裕をもって会場に到着することも大切です。

結婚式・披露宴に招待されたら

▶ 招待状は早めに返信する

招待状が手元に届いたら、**遅くとも一週間以内に返信しましょう**。口頭のみで返事するのはNGです。お祝いの言葉は、自分の言葉で丁寧に気持ちを込めて書きます。

▶ 受付を頼まれたら快く引き受ける

結婚式で**受付を頼まれたら、喜んで引き受けましょう**。自分が何時にどこに行けばいいのかを事前に確認しておきます。ゲストを最初に迎える大切な役割なので、ふさわしいメイクと服装で応対することが大切です。

▶ 披露宴は節度ある行動を

お祝いの席だからといって、**披露宴中に飲みすぎたり、大きな声で騒ぐのはNG**。テーブルマナーを守ってゆっくり食事をとりながら、周囲の人とも交流しつつ節度を守って行動しましょう。

招待状の返信

裏 出席する場合

御出席 いたします

御欠席

御住所 東京都○○区○○町○・○・○

御芳名 鈴木 太郎

メッセージ
ご結婚おめでとうございます
喜んで出席させていただきます
当日を楽しみにしております

000-0000

東京都○○区○○町○・○・○

佐藤 守衛 様

表

「行」を二重線で消し、宛先より少し大きめに「様」と改めます。楷書で丁寧に書きましょう。

裏 欠席する場合

御出席

御欠席 いたします

御住所 東京都○○区○○町○・○・○

御芳名 鈴木 太郎

メッセージ
ご結婚おめでとうございます
ご招待くださり誠にありがとうございます
その日は都合により参加することができませんが、
お二人のご多幸を心より願っております

「御」や「芳」という自分にあてた敬語はすべて二重線で消し、出席を○で囲みます。寿という言葉で不要な文字を消すこともあります。欠席の文字も同様に消します。欠席する場合は出席の文字を消し、欠席を○で囲みます。余白にはお祝いの言葉を添えましょう。

☞ POINT

覚えておきたいメッセージのパターン

出席する場合
- ○○さんの花嫁姿を楽しみにしています
- 素敵な披露宴になりそうで楽しみです
- お二人らしい素敵な披露宴、楽しみにしています

欠席する場合
- 参加できないのが残念ですが、○○さんの幸せを心より祈っております
- せっかくのご招待申し訳ありません。後日、ぜひ写真を見せてくださいね

10-2 ご祝儀のマナー

✓ 仕事とプライベートで金額が変わる

　結婚式に出席するときは、必ずご祝儀を包みます。**家族や友人、会社関係者、取引先など相手によって相場が変わる**ので、おおよその相場を覚えておくといいでしょう。取引先などの場合は連名で送る場合もあるので、周囲とよく相談して決めます。ご祝儀袋には、上包み（表包み）と中包みがあり、それぞれに書き方のマナーがあるので、きちんと書いて渡すようにしましょう。

お祝い金の相場

家族・親戚	取引先	会社関係者・友人
5万〜10万円	3万〜5万円	3万〜5万円

> 一緒に呼ばれた人がいたら、ある程度金額を揃えるのもおすすめ。相手との関係性や自分の年齢も考慮して決めましょう

ご祝儀袋の書き方

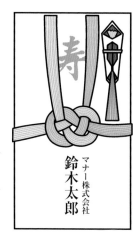

ご祝儀袋・上包み
（表包み）

濃い墨や筆ペンでバランスよく書きます。ビジネスの場合は、氏名の右側に小さく社名や所属を入れます。

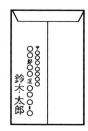

中包み（表）　　中包み（裏）

表中央に縦書きで「金○○円也」と書きます。ご祝儀では漢数字の旧字体で書くのが一般的です。裏面の左下に住所と氏名を書きます。

連名の場合

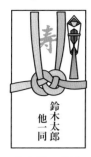

多人数の場合

代表の氏名を書いたら、小さい文字で「他一同」と書きます。

3人連名の場合

職場の同僚などに連名で渡す場合は、右から地位の高い人順に書きます。

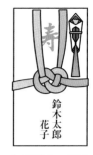

夫婦連名の場合

夫婦連名で渡す場合は、夫はフルネーム、妻は左に名前のみ書きます。

ふくさの包み方

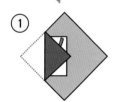

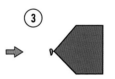

① ご祝儀袋を表にして、中心から少し左側に置き、布を左から折りたたみます。

② 上部、そのあと下部の順で折りたたみます。

③ 右側の布を左側にたたみ、左側のツメの部分を後ろに折ります。ツメを留めて完成です。

☞ POINT

「祝電」はどんなときに送る？

披露宴を欠席する場合や、招待されていないけれど取引先などにお祝いの言葉を贈りたいとき、電報で「祝電」を送ります。文面は定型文を使うこともできます。最近は電報にもさまざまな種類があるので、相手の好みに合わせて選ぶといいでしょう。

例）ご結婚おめでとうございます。お二人の前途を祝し、ご多幸とご健勝をお祈り申し上げます

ご結婚おめでとうございます。明るいご家庭を築かれることを心よりお祈り申し上げます

✓ 披露宴では華やかさをプラスする

　披露宴に参加するときの装いは、**男性ならダークスーツなどの略礼装、女性はワンピースドレスなどが一般的です。** 男性はポケットチーフなどの小物を一つプラスするだけで、パーティ仕様になります。女性は、あまり露出が高いものは避け、新婦より目立たない装いになるように意識しましょう。ヘアアクセサリーやネックレスなどのワンポイントで個性をアピールするのもおすすめです。

男性　　**女性**

ネクタイ
礼服用の白ネクタイやシルバーグレーのものが一般的。

ポケットチーフ
ネクタイと色を合わせるとおしゃれな雰囲気に。

スーツ
黒や紺のダークスーツに白いシャツ。カラーシャツで個性を出すのもOK。

靴
黒の紐つきの革靴で、つま先に切り返しがあるもの。

ヘアスタイル
カールしたポニーテール、編み込みなど華やかな印象に。

ドレス
清楚な雰囲気のカラードレス。白い服は避ける。二の腕が出ないように、ストールやボレロなどを羽織る。

バッグ
紙袋や動物柄のものは避け、ビーズなどをあしらった華やかで小ぶりのもの。

靴
ヒール靴が好ましい。スニーカーは避ける。

和装の場合

本振袖は、宗教に関係なく着用して大丈夫ですが、**花嫁の衣装とかぶらない色のものを選ぶようにしましょう。** おめでたい柄のもので、20代なら帯は変わり結びがおすすめです。また、着物のときはアクセサリーはつけないのがマナー。**既婚者の場合は、振袖ではなく留袖が正装になる**ので注意しましょう。家や着物に慣れていない人は、普段より移動にいつも以上に時間がかかることを想定しましょう。また、着付けの時間も遅れないように必ず仕上がり時間をお店の人に伝えておきます。

▶ ドレス選びに迷ったらレンタルを

パーティドレスは数回しか着ないものです。年月の経過とともにデザインが古くなってしまったり、変色したりすることもあります。そこでおすすめなのがドレスレンタルです。**新調するより安く済むのと、そのときのトレンドも押さえることができ**、一石二鳥です。

▶ 二次会はカジュアルでもOK

結婚式・披露宴と異なり、二次会は親しい間柄の人たち同士で盛り上がる場なので、**多少カジュアルでもいいでしょう。** ただし、小物やヘアスタイルでパーティの華やかさは保つようにします。二次会は立食スタイルの場合も多いので、疲れにくい靴を選ぶとよいでしょう。

結婚式・披露宴のNGアイテム

女性
- 新婦より目立つ服
- 上下ともに白い服
- 白いネイルアート
- チャイナドレスや民族衣装
- 盛りすぎの髪
- 革製品
- ブーツ、厚底靴

男性
- ボタンダウンのシャツ
- 派手すぎる柄のシャツ
- 黒のネクタイ
- アニマル柄のネクタイ
- サイズの合っていないスーツ
- サンダル、スニーカー

10-4 葬儀のマナー

☑ 葬儀には3つの儀式がある

ビジネスシーンでも、突然誰かの訃報を受けることがあります。会社の人や取引先など、状況はさまざまですが、訃報を受けてもあわてず対応することが大切です。**葬儀には「通夜」「葬儀」「告別式」の3つの儀式があり、どの儀式に参加するかは上司の判断を仰ぎましょう。**また、故人の死を悼む言葉を覚えておくと、突然電話で報告されたときも落ち着いて応対することができます。

3つの儀式

通夜	葬儀	告別式
亡くなった人とこの世で過ごす最後の夜です。親族が中心に集まる場合が多いです。	公的・宗教的に、故人を送り出す儀式です。宗教により作法などが異なります。	故人に最後の別れを告げる儀式です。一般的には、通夜の翌日、葬儀と続けて行われます。

▶ 代理人として参加することもある

仕事の都合などで、どうしても通夜や葬儀に参加できない場合は「代理人」を依頼することがあります。故人や遺族と面識がなくても、上司から代理人を依頼されたら、上司の名刺の上に「弔」、自分の名刺の上に「代」と書いて入り口で渡しましょう。記帳するときも上司の名前を大きく書き、自分の名前は左下に「代 鈴木太郎」などと書きます。

訃報を受けたらやること

①　通夜と葬儀の日時を確認

「このたびはご愁傷さまです」と伝え、通夜と葬儀の日時を確認したら、「お悔やみ申し上げます」と伝えてから上司に報告します。

②　香典、供花、供物の準備

宗教に合わせて香典袋を用意し、上司に包む金額を確認します。供花と供物も宗教に合わせて用意しましょう。

香典の金額の目安

友人・同僚・上司	友人・同僚・上司の家族	取引先
5,000〜1万円	3,000〜5,000円	5,000〜1万円

③　喪服の準備

男性ならダークスーツ、女性は黒いジャケットや喪服のワンピースと黒のストッキングを用意します。通夜の場合はジャケットを黒にするだけでもOKです。

④　通夜・葬儀に参加

通夜に参加する場合はそのときに香典を持参します。葬儀に参加する場合は、会場の入り口で記帳します。宗教の作法については➡P148へ

☞ POINT

参加しない場合は弔電を送る

どの儀式にも参加できない場合は、現金書留で香典を送り「弔電」を打つのがマナーです。弔電は、インターネットでも申し込めるので、通夜や葬儀の開始時刻までに届くようにしましょう。宛先は、喪主の自宅住所ではなく、葬儀会場に設定します。**「ご尊父様のご逝去を悼み、心よりお悔やみを申し上げます」**などの言葉を送りましょう。職場によって決められていることもありますが、インターネットに掲載されている定型文も参考になります。

✅ 黒いアイテムが基本となる

　男性はダーク系のスーツに黒いネクタイ、靴と靴下も黒で揃え、ネクタイピンは外します。女性も華やかな色みのアイテムは避け、黒いフォーマルウエアを着用します。**暑い季節でも、露出の大きい服装は避けるようにしましょう。**和装の場合は、黒無地に五つ紋がついた着物が格が高いとされています。草履も黒いものを選びます。バッグや時計などの小物も、派手な色のアイテムの着用はNGです。

男性　　　**女性**

ネクタイ
通夜も葬儀も黒のネクタイを着用。光沢感のないものを選ぶ。

スーツ
通夜はグレー、紺、黒の無地のスーツ。葬儀は黒のスーツが望ましい。

ハンカチ
男女共通で、白無地のシンプルなもの。

靴
黒一色で光沢のないもの。

ネックレス
一連のパールのネックレス、結婚指輪はつけていてもOK。

スーツ
通夜は地味めの私服でもよいが、葬儀は黒のフォーマルウエア。ワンピースにジャケットや、アンサンブルのもの。

靴とストッキング
黒のストッキング。素足やベージュのストッキングはNG。靴は金具のない、ヒールが低めの黒いもの。

葬儀の服装の注意点

▶ 通夜は喪服以外でもOK

最近は、故人が亡くなった翌日に通夜を行うパターンが増えていますが、**もし急に通夜に参加することになったときは、派手すぎる格好でなければ、平服でも構いません。**可能であれば、黒や紺のジャケットを羽織るようにしましょう。葬儀は必ず喪服で出席します。

▶ ヘアメイクは派手にしない

葬儀において華やかさを感じる装いは、故人やその家族にとって失礼にあたります。通夜や葬儀では、赤い口紅や濃すぎるチーク、アイシャドーは控え、**なるべく薄化粧を心がけましょう。**ロングヘアの人はお辞儀をしたときに邪魔にならないよう、一つにまとめて。

┌─ 葬儀のNGアイテム ─
- 毛皮・革製品（靴、バッグなど）
- ネイルアート
- エナメル素材のもの
- カジュアルなデザインの上着

▶ 数珠を一つは用意しておく

仏式の儀式でのみ使うと思われがちな数珠ですが、**一般的なタイプのものなら宗派を選ばずに使うことができます。**突然の訃報を受けたとき、すぐに駆けつけられるように用意しておくといいでしょう。宗派によって拝み方が異なるので、参列者にならうようにします。

数珠を持つ意味とは？

数珠はもともと、念仏の回数を数えるための道具でした。"数を念ずる"ことから、数珠と呼ばれるようになり、珠の一つひとつが108つの煩悩を司る仏様の役割をしていて、人間のあらゆる煩悩を引き受けてくれるそうです。現在は珠の数を減らした略式の数珠が多く使われています。葬儀では仏様の世界へ旅立つ故人への敬意や哀悼を表すためのものとして、数珠を持つことがマナーとされています。

☞ POINT

葬儀への備え
- 数珠をデスクの棚に入れておく
- ロッカーがある人は黒のジャケットやネクタイ、ストッキングを置いておく
- やむを得ず平服で参加する場合は
  「突然のことで、このような服装で申し訳ございません」と遺族に伝える

☑ おもに3つの異なる宗派がある

　日本で行われる葬儀のスタイルは主に「仏式」「キリスト教式」「神式」の3つです。仏式では「焼香」という香を捧げる儀式、「キリスト教」では白い花をたむける儀式、神式では「玉串」を捧げる儀式が行われるのが一般的です。**それぞれに作法があるので、おおよその流れを覚えておくようにしましょう。**また、遺族に挨拶するときはその場にふさわしい言葉を選ぶのがマナーです。

香典袋の種類

仏式

表書きは「御霊前」「御香典」。薄墨で中央にフルネームを書きます。白黒の水引きで、結び切りのものを選びましょう。

神式

表書きは「御玉串料」または「御榊料」。薄墨で中央にフルネームを書きます。白黒の水引き、結び切り、無地ののし袋など。

キリスト教式

表書きは「御霊前」または「お花料」。薄墨で中央にフルネームを書きます。十字架やユリの花の絵、または無地のもの。

▶ 受付から会場までの流れ

受付では「このたびはご愁傷さまでございます」と小さな声で言い、香典を両手で渡します。芳名帳に住所と名前を記帳して一礼します。

仏式の焼香の手順

① 遺族と僧侶に一礼して焼香台へ向かいます。

② 焼香台で合掌し、一礼してから抹香を少しつまんで額の高さにつけます。
※1〜3回繰り返します。

③ 抹香を香炉へ戻し、合掌します。最後に改めて遺族に一礼します。

神式の拝礼

遺族に一礼し、神官から玉串を受け取って右手に持ち、玉串案まで進み、祭壇に向かい一礼します。根元が祭壇に向かうように回転させ、祭壇に供えたら一歩下がり**「二拝二拍手一拝」の作法で拝礼します**。拍手では音が出ないように。遺族と神官に一礼します。

キリスト教の拝礼

菊やカーネーションなどの白い花を供えます。花が右に来るように持ち、棺の前に立ち、祭壇に一礼します。**右回りに花を回し、茎が祭壇に向くようにします。**献花台に花を捧げ、手を合わせて黙祷します。牧師や司祭、遺族に一礼します。

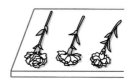

☞ POINT

挨拶するときの言葉

OK
- 「ご訃報に接し、心から追悼の意を表します」
- 「このたびは誠にご愁傷さまでございます。謹んでお悔やみ申し上げます」

NG
「忌み言葉」や「重ね言葉」は使わないようにしましょう。
例）死去、死亡、重ね重ね、重なる、また、またまた、再び、再三、たびたび、苦しむ、

10-7 お見舞いのマナー

☑ 相手の都合を考えてからお見舞いを

　お見舞いは、すべての人が来てほしいと願うものではありません。職場の誰かが入院したときには、親しければお見舞いをしたいと思うこともあるでしょうし、職場の代表として行く場合もあります。ただし、事前にメールなどで本人やその家族に伺ってもいいか確認します。**相手側の許可を得た上でお見舞いに行く場合は、面会時間や滞在時間など相手の負担にならないように配慮します。**服装は控えめに、お見舞金、またはその人の容体を考慮した品物を持参しましょう。

お見舞いのポイント

▶ **事前に行く見舞いの許可をもらい、時間を決めておく**

突然お見舞いに行くのはむしろ失礼です。入院している姿を見られたくないという人もいるからです。また、検査や食事の時間もあるので、訪問予定も相談しておきましょう。

▶ **同室の人に配慮する**

入院病棟は寝ている人も多いので、**お見舞い中は小さい声で話すなどの配慮が必要です。**

▶ **大人数では行かない**

入院する場所が大部屋の場合はスペースがせまいので、**職場の上司や同僚と行く場合は1〜2人で行くようにしましょう。**

▶ **病状の話題は避ける**

相手の容体をストレートに聞くのはマナーに反するので、**「大変でしたね、心配していましたよ」**など、優しく声をかけます。

▶ **面会時間、滞在時間に注意する**

決められている面会時間内に行きます。**滞在時間は30分以内にするのがマナーです。**

お見舞いの品の選び方

本人に欲しいものを聞けない場合は、「お持ちしてご迷惑になるものはありますか」と尋ねるものいいでしょう。食事制限の問題や贈り物の重複を避けることができます。

OK 花束

鉢植えに見えないフラワーアレンジメントがいいでしょう。ただし香りの強いものはNG。

OK 雑誌・本

入院中は時間があるので、その人の趣味に合わせた雑誌や本があると喜ばれます。

△ 現金、商品券

重宝されるものではありますが、目上の方に対しては失礼と思われることもあるので関係性を考えて。

NG ✕ 鉢植え

鉢植えは病が「根づく、寝つく」と言われるため、避けたほうがよい。

NG ✕ 傷みやすい食品

症状によっては、すぐに食べられない場合があるので日持ちするものに。付き添いの人がいない場合はメロンなどのカットや余って始末が面倒なものは避けたほうがいいでしょう。

お見舞金の目安（1人あたり）

仕事でお世話になっている方に見舞金を贈る場合は、何人かの有志で募ることもあります。1人あたりが出す金額は3,000円程度が相場ですが、相手により多少金額が変わります。

同僚へ	部下へ	上司へ
3,000〜5,000円	5,000〜10,000円	✕（目上の人へお金を贈るのは失礼）

☞ POINT

会社と個人を混同しないために

会社の代表として取引先の方のお見舞いに行く場合は、会社の用意したお見舞いを自分個人の見舞いの品と受け取られないように、会社の意向で見舞いに来たことがわかるように伝えます。個人的にも何かを渡したいときは、会社の用意したお見舞いの品と別に自分からのお見舞いを用意するといいでしょう。

✅ 日頃お世話になっている気持ちを表すもの

　お中元やお歳暮は、普段伝えられない感謝の気持ちを表すもので、**相手先の人数や季節に合ったものを贈ります**。賞味期限が極端に早いものなどは好まれないため、商品を選ぶときには注意が必要です。**期間限定品などは、特に喜ばれます**。ビジネス関連で新たに贈りたい取引先がある場合は、シーズンに入る前のタイミングで早めに上司に相談するようにしましょう。

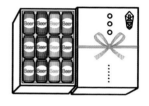

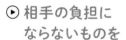

▶ 相手の負担に　　ならないものを

ビジネス関係者に贈り物をするときに、不正な取引と受け取られないように贈られても**相手の負担にならない程度の品にしましょう**。贈る理由を明確にしてスマートにお渡しします。

▶ 相手の人数や　　好みを考える

取引先の人数より極端に少ない数の品物は失礼にあたります。また、お酒を贈る場合は、**相手が飲める人かどうか必ず確認するようにしましょう**。

▶ ビジネス関係者には　　個人でなく会社から贈る

会社名義で贈れない相手（個人など）に個人的に贈る場合もありますが、**取引先への贈答品は会社名義で贈るのがマナー**です。

▶ 送り状を出してから贈る

突然品物を贈られると、相手に驚かれてしまう場合があるので、**あらかじめ季節の挨拶を踏まえた送り状を郵送しておき**ましょう。

おもな贈答品

お中元

7月上旬から7月中旬までに贈ります。ジュースやビール、ゼリー、そうめんなど、暑さをやわらげる清涼感のあるものがおすすめです。

お年賀

新年の挨拶代わりに、正月三が日に贈ります。お茶や海苔、お菓子など。お歳暮を贈らなかった相手に贈るといいでしょう。

お歳暮

12月上旬から12月20日頃までに贈ります。お菓子やハムなどを贈るのが一般的です。お中元を贈ったらお歳暮も必ず贈るようにしましょう。

結婚祝い

挙式の1週間くらい前までに贈ります。披露宴に招待された場合は、当日現金をのし袋に入れて持参しましょう。

贈答品のお礼は必ずする

贈り物を受け取ったらできれば当日中に電話をかけてお礼の気持ちを伝えるか、遅くとも3日以内にはお礼状を出しましょう。忙しくてすぐにお礼状が出せなかった場合は、遅くなったことを詫びるとともに感謝の気持ちを書きます。

例）
- 「このたびは、名産地ならではの格別な品をいただき、ありがとうございます」
- 「めったに口にすることができないものをいただき、ありがとうございます」
- 「嬉しい季節の味を、社員一同で美味しくいただきました」

☞ POINT

贈答品で避けるべきもの

- **下着、靴下**　　貧乏な人への「施し物」として捉えられる
- **刃物、筆記用具**　鋭利なものは「縁を切る」というイメージがある
- **ハンカチ**　　別の言葉で「手巾」と書き、「手切れ」と捉えられる
- **くし**　　「く（苦）、し（死）」をイメージさせるため
- **靴**　　「相手を踏みつける」という意味になるため

入学祝い

3月上旬～中旬くらいまでに贈ります。進学先で使える文具などの実用的なものや現金が喜ばれます。

卒業祝い

卒業式の1カ月後くらいまでに贈ります。文具、腕時計、定期入れのほか、現金も喜ばれます。

出産祝い

生後1週間～1カ月頃までに贈ります。ベビー用品以外にも、お母様へのプレゼントやカタログギフトも喜ばれます。

昇進祝い

職場の人の昇進が決まったら、部署やチーム合同で贈ります。ネクタイや万年筆、革小物などがおすすめです。

退職祝い

部署やチームで贈る場合が多いです。お酒が好きな人なら少し高いお酒など、余暇を楽しんでいただけるようなものを贈りましょう。

新築祝い

実用的な食器や花など、実用的なアイテムが喜ばれます。新築祝いのときは、「火」を連想させるアイテムはNGです。

病気全快祝い

入院していた人が退院したら、お菓子などを贈ります。タオルなど、ちょっとした日用品も喜ばれます。

覚えておきたい
ビジネス用語

仕事をしている中で、聞き慣れない言葉が出てきて戸惑わないように、よく使われるビジネス用語は頭に入れておきましょう。わからない言葉があれば上司や先輩に質問して、間違った解釈のまま仕事を進めないようにしましょう。

用語	意味
アウトソーシング（英 outsourcing）	自社の業務を外部会社に委託すること。
アグリー（英 agree）	「同意する」「承諾する」などの意味。
アサイン（英 assign）	「任命する」「割り当てる」「付与する」などの意味。
アジェンダ（英 agenda）	「行動計画」「協議事項」などの意味。
アテンド（英 attend）	「世話をする」「付き添う」などの意味。
アライアンス（英 alliance）	「同盟関係」「縁組」などの意味。ビジネスでは、複数企業による経済的メリットを互いに得るための緩やかな提携という意味合い。
イニシアチブ（英 initiative）	「先導」「主導権」などの意味。
イノベーション（英 innovation）	「革新」「一新」などの意味。これまでの常識を変えるほど社会を大きく動かす技術革新や、新たなものを創造すること。
インセンティブ（英 incentive）	やる気を起こさせるための刺激や推奨のこと。昇給、昇進、給与以外の賞与や金券の支給もこれに該当する。
インバウンド／アウトバウンド（英 inbound／outbound）	boundの「〜行き」と、in「内」／out「外」を合わせ「内向きの」「入ってくる」／「外向きの」「出ていく」という意味。
インフルエンサー（英 influencer）	「影響を及ぼす人」「有力者」などの意味。近年では特に、インターネット上の発信で、他者へ影響が大きい人を指す場合が多い。
エスカレーション（英 escalation）	「段階的拡大」から「上位者に対応を求めること」の意味。主に、クレーム処理や障害対応などのシーンで使う。
エビデンス（英 evidence）	「証拠」「物証」などの意味。金融機関では本人確認のための公的書類、医療機関では医学的・科学的根拠など、業界によって異なる。
オンスケ（英 on schedule）	「予定どおりに」「定時に」という意味で、進捗状況を報告するのに使用する。
オージェーティー（英 On-The-Job Training）※略称	「業務の一環とする就業訓練」を意味する。日本独自の制度で、現場での訓練を通し就業スキルの向上を図ることが目的。
クリティカル（英 critical）	「危機的」「重要な」、または「批判的な」などの意味。
クロージング（英 closing）	「終わり」「締めくくり」の意味から、商談や接客などの「お客様に最終決定を促す」や「契約を締結する」などの終わりの意味。

用語	意味
コミット (英commitment)	「約束」「言質」から「達成を約束する」「責任を伴う約束」などの意味。ほかに「関与」という意味もある。
コンセンサス (英consensus)	「一致」「総意」から「利害関係者」「複数人の合意」などの意味。揉めることがないように、あらかじめ合意を取っておく際に言う。
コンプライアンス (英compliance)	「法令遵守」などのことで、「企業活動において法律や企業倫理を遵守すること」を意味する。コンプライアンスについては→P14へ
サマリー(英summary)	「概要」「要約」などの意味。報告書や議事録など、要点をまとめたものをいう。
シナジー(英synergy)	「共同作用」「相乗作用」の意味から、2つ以上のものが相互作用により効果を高めることなどという意味合い。
ジャストアイデア (英just idea)	just「ただ／ほんの」とidea「アイデア」「思いつき」の単語を組み合わせ「単なる思いつき」などの意味。
スキーム(英scheme)	「計画」「体系」の意味から「枠組みをもった計画」などの意味合い。「仕組み」や「やり方」などが体系的に含まれる。
スクリーニング (英screening)	「選考」「審査」の意味から「条件に合うものをふるいにかけて選別する」などの意味合い。
セグメント (英segment)	「全体の中の一つの区分」の意味。主にマーケティング用語として使われ、消費者のニーズ、価値観、年齢、性別などに区分けする。
タイト(英tight)	「きつい」「詰まった」の意味。スケジュールや人員が数値的に厳しい際に使われる。
ダイバーシティ (英diversity)	「多様性」の意味から、年齢、性別、障がいの有無、人種、国籍、宗教などにとらわれず多様な人材を活用する考え方。
タスク(英task)	「仕事」「務め」の意味から、割り当てられた業務や作業などの意味合い。
デッドライン (英deadline)	「締め切り時間」「超えてはならない最後の線」などの意味。
デフォルト(英default)	「欠席」「債務不履行」の意味から、金融分野ではそのまま「債務不履行」、コンピューター用語では「初期設定」などの意味合い。
ナレッジ (英Knowledge)	「知っていること」「熟知」の意味から、企業などの組織にとっての有益な情報などの意味合い。
ニッチ(英niche)	「隙間」「くぼみ」の意味から、「市場の隙間」などの意味合い。

用語	意味
ネゴ／ネゴシエーション （英 negotiation）	「交渉」「折衝」などの意味。「ネゴ」はその省略形。
ノマド（英 nomad）	「遊牧民」「放浪者」の意味から、特定の職場ではなく、ノートPCやWi-Fiを使い、カフェなどで仕事をするスタイルのこと。
ノルマ（露 norma） ※ラテン文字に転写	「規定量」「規範」が語源。個人や組織に割り振られた「仕事量」や「達成基準」などの意味。
バジェット（英 budget）	「予算（案）」「特定の経費」などの意味。形容詞として「低予算」の意味もあり。
バッファ（英 buffer）	「緩衝器」「緩衝物」の意味から、コンピューター用語としては「処理速度を補うための一時的なデータ保管領域」などの意味合い。転じて、「余裕がある」や「予備」などの意味で用いられることもある。
B to B ／ B to C （英 Business to Business／ Business to Consumer） ※略称	前者は「企業間取引」、後者は「企業と消費者間の取引」の意味。 ※toを2と表記することもある
フィードバック （英 feedback）	もともと制御工学の用語で出力側の一部を入力側に戻すことから、助言や指南を加えた行動の評価結果を相手に伝え返すことなどの意味合い。
フィックス（英 fix）	「固定する」「定着させる」の意味から、最終的に決定する（させる）、確定する（させる）などの意味合い。
プライオリティ （英 priority）	「（時間・順序が）前であること」、「優先」の意味から、「優先度」などの意味。「高い／低い」と表現する。
ブラッシュアップ （英 brush-up）	「身づくろい」「磨き直し」の意味から、スキルや知識、資料内容の完成度をより高めることなどの意味合い。
ブランディング （英 branding）	"brand"（「銘柄」「商標」）の意味から転じて企業が顧客にとって価値のあるブランドを構築するためのマーケティング活動を指す。
ブレスト／ ブレーンストーミング （英 brain+storming）	brain「頭脳」「知力」とstorming「嵐」「暴風雨」を組み合わせた言葉。一つのテーマに対し、複数人で自由に意見やアイデアを出し合うこと。
ベネフィット （英 benefit）	「利益」「ためになること」の意味から「商品やサービスを購入することにより得られる利益や変化」などの意味合い。

用語	意味
ペンディング (英 pending)	「未決定で」「宙ぶらりんの」の意味から、「先送りすること」「保留にすること」などの意味合い。
マージン（英 margin）	「売買差益」「利ざや」などの意味。ほかに、中間業者への「販売手数料」や「仲介手数料」を指すことが多い。
マター（英 matter）	「問題」「事柄」などの意味から転じて、担当や主幹などを指す。人名や部署名の後に付けて管理を明確にするが、目上の人に使うのは失礼。
マネタイズ (英 monetize)	もともと金属から貨幣を鋳造するという意味。IT用語として収益化や、無料サービスを収益化させることなどを意味する。
メソッド（英 method）	「方法」「方式」などの意味。本来は教育分野における教育手法の用語で、考案者の名前を付けて「○○メソッド」と称することも。
ユーザビリティー (英 usability)	「有用性」「便利」の意味から、「製品の使いやすさ」などの意味合い。
リーク（英 leak）	「漏れる」の意味から「秘密や情報などを意図的に漏らす」という意味で使われる。
リスクヘッジ (英 risk + hedge)	risk「危険」「恐れ」とhedge「防止策」を組み合わせた言葉で、「危険回避」などの意味。
リスケ（英 reschedule）	「計画を変更する」などの意味。多くの場合、中断して後日に変更する場合に用いられる。
リソース (英 resource)	「資源」「供給元」の意味から、企業における経営資源（人、物・金）のこと。ヒューマンリソースといえば、人的資源のことを指す。
リテラシー (英 literacy)	「読み書きの能力」の意味から、ある分野に関して基礎的な知識を有し、応用できること」などの意味。
リマインド（英 remind）	「思い出させる」「気付かせる」「注意する」の意味から、以前一度お知らせしたことを再確認することを指す。
レスポンス (英 response)	「返事」「応答する」の意味。メールのやりとりなどで返事が遅いときに「レスポンスが遅い」というように使われる。
ローンチ（英 launch）	「乗り出す」「進出する」の意味から、新商品やサービスを世に送り出すことなどの意味合い。
ワークライフバランス (英 work-life balance)	「仕事と生活の調和」の意味から、「仕事」と育児や介護、趣味や学習、休養、地域活動といった「仕事以外の生活」との調和をとり、充実させる働き方・生き方のこと。

株式会社フィールドデザイン　代表取締役
一般社団法人書道能力開発協会　理事長

トヨタ自動車人事室での採用・教育経験から、トヨタ流指導術を習得。
秘書部への異動後は、役員秘書として国内トップレベルのビジネスマナーやコミュニケーション力を身につける。2010年には研修会社「株式会社フィールドデザイン」を設立し、トヨタのリーダーシップ、ビジネスマナー、コミュニケーション研修などを手掛ける。大学での指導やテレビ出演、新聞雑誌の掲載も多数。著書に、『短時間できれいになる　大人の美文字レッスン帳』(大泉書店)、『AKB48の木﨑ゆりあ＆加藤玲奈と学ぶお仕事ルール50』(神宮館)などがある。

株式会社フィールドデザイン
https://fielddesign-co.com

著者プロフィール
中山佳子

STAFF

デザイン　武田紗和(フレーズ)
イラスト　井上 明
編集　　　菅 砂丘、鈴木真季子(スパート)
校正　　　株式会社 聚珍社

スマートに働くための
ビジネスマナー基本集

2020年3月26日　初版発行

著者　　　中山佳子

発行者　　鈴木伸也
発行所　　株式会社大泉書店
　　　　　〒101-0048
　　　　　東京都千代田区神田司町2-9
　　　　　セントラル千代田4F
電話　　　03-5577-4290(代)
FAX　　　 03-5577-4296
振替　　　00140-7-1742

印刷・製本　株式会社 光邦

©Oizumishoten 2020 Printed in Japan
URL　http://www.oizumishoten.co.jp/
ISBN 978-4-278-07120-7　C2034